FACULTÉ DE DROIT DE PARIS

DES

SUBSTITUTIONS

FIDÉICOMMISSAIRES

THÈSE POUR LE DOCTORAT

PAR

ARMAND MASSON

NÉ A BEAUNE (CÔTE-D'OR)

AVOCAT A LA COUR IMPÉRIALE DE PARIS

L'acte public sera soutenu le jeudi, 23 juillet 1863, à une heure et demie,
en présence de M. l'inspecteur général GIRAUD.

PRÉSIDENT : M. DUVERGER.

<table>
<tr><td rowspan="4">SUFFRAGANTS :</td><td>MM. ROYER COLLARD,</td><td rowspan="2">Professeurs.</td></tr>
<tr><td>DEMANGEAT,</td></tr>
<tr><td>LABBÉ,</td><td rowspan="2">Agrégés.</td></tr>
<tr><td>BEUDANT.</td></tr>
</table>

PARIS

IMPRIMERIE SIMON RAÇON, RUE D'ERFURTH, 1

1863

SUBSTITUTIONS

FIDÉICOMMISSAIRES

PARIS. — IMP. SIMON RAÇON ET COMP., RUE D'ERFURTH, 1.

FACULTÉ DE DROIT DE PARIS

DES

SUBSTITUTIONS
FIDÉICOMMISSAIRES

THÈSE POUR LE DOCTORAT

PAR

ARMAND MASSON

NÉ A BEAUNE (CÔTE-D'OR)

AVOCAT A LA COUR IMPÉRIALE DE PARIS

L'acte public sera soutenu le jeudi, 27 juillet 1865, à une heure et demie,
en présence de M. l'inspecteur général GIRAUD.

Président : M. DUVERGER.

SUPPLÉANTS :	MM. ROYER COLLARD, DEMANGEAT	Professeurs
	LABBÉ, BECDANT.	Agrégés.

PARIS

IMPRIMERIE SIMON RAÇON, RUE D'ERFURTH, 1

—

1865

A MON PÈRE

A MA MÈRE

A MON ONCLE VICTOR MASSON

ANCIEN JUGE AU TRIBUNAL DE COMMERCE DE LA SEINE.

A MON SAVANT MAITRE

M. VALETTE

RESPECTUEUX HOMMAGE D'UNE VIVE GRATITUDE

DES SUBSTITUTIONS
FIDÉICOMMISSAIRES

DROIT ROMAIN

HISTORIQUE

C'est à Rome que les substitutions ont eu leur berceau : c'est là qu'elles se sont développées et qu'elles ont grandi; c'est de là que, traversant les siècles, elles se sont élancées sur le sol de l'ancienne France, pour s'y imprimer fortement et devenir, jusqu'à l'ère solennelle de 89, l'un des plus puissants éléments de notre vieille organisation féodale.

Prenons donc à sa source cette institution qui eut, dans l'histoire de notre droit, de si singulières vicissitudes; en effet, elle refléta les capricieux changements des constitutions politiques données à la France; elle partagea leurs mobiles destinées, et aujourd'hui elle s'enferme, après l'avoir hardiment dépassé, dans le cercle étroit que lui avait tracé la sagesse des rédacteurs de notre Code civil.

C'est aux substitutions fidéicommissaires que nous consacrons notre travail : aborder avec détails l'examen des substitutions directes [1] (vulgaire, pupillaire, exemplaire) nous ferait sortir du cadre nécessairement limité qui convient à une thèse, et cela sans profit pour le sujet de droit français, qui reçoit sa lumière des seuls fidéicommis.

Pour les modernes, le mot substitution n'indique plus que la substitution fidéicommissaire (comp. art. 896 et 898 C. N.) ; dans la langue des jurisconsultes romains, il en est autrement : cette expression y est réservée aux substitutions directes, à celles dans lesquelles le bénéficiaire prend la chose, sans personne interposée, sans intermédiaire *chargé de la lui rendre*. Comment, en effet, dans la substitution directe (la vulgaire par exemple), l'institué serait-il *chargé de rendre*, alors qu'il ne prend rien ? On ne peut y trouver le trait de temps, élément des substitutions avec charge de

[1] La substitution vulgaire est une institution conditionnelle, pour le cas où la première institution ne se réaliserait pas. *Lucius Titius heres esto: si mihi Lucius Titius heres non erit, tunc Seius heres mihi esto* (l. 1, de vulgari, § 1).

La substitution pupillaire est celle par laquelle un père fait le testament de son fils pour le cas où ce dernier mourrait impubère (*ipse filio fit heres substitutus*).

La substitution exemplaire est calquée sur la précédente ; elle permet à tout ascendant de faire le testament d'un descendant insensé, pour le cas où celui-ci décéderait avant d'avoir recouvré la raison (§ 1, *de pupillari substitut.* Instit., lib. II, tit. XVI).

rendre; car, bien loin que le disposant ait voulu que le substitué reçût la chose après l'acceptation du premier gratifié, il a voulu tout le contraire, puisqu'il a dit : *Si Titius heres non erit, tunc Seïus heres mihi esto.*

Peut-on prétendre que dans les textes de droit romain, la substitution indirecte ou fidéicommissaire ne prenne jamais le nom de *substitutio ?* Ricard est, sur ce point, en désaccord avec le président Favre. Thévenot d'Essaule se fait le juge impartial du débat, et déclare qu'on ne saurait méconnaître qu'en quelques-unes des lois romaines, le mot *substitutio* ait été employé dans le sens de fidéicommis. Ces lois, fort clair-semées, sont les textes suivants : l. 87, § 2, *de leg.* 2° : *Paulus respondit testatricem videri in eo fideicommisso de quo quæritur, duos gradus substitutionis fecisse : unum ut is qui ex duobus prior morietur, alteri restitueret ; alterum ut novissimus his restitueret quos nominatim postea enumeravit.* V. en outre l. 57, § 1 et 2, *ad S. C. Treb.* ; l. 16, *de pactis* (Cod.) ; l. 3, *communia de legatis* (Cod.).

Ce n'est donc que dans des textes fort rares que la substitution fidéicommissaire reçoit le nom de *substitutio* (Arg. de la loi 76, *ad S. C. Treb.*). *Fidéicommissum* est l'expression constamment employée, et vraiment entrée dans le langage du droit romain pour signifier les dispositions à charge de rendre, dont nous avons à traiter (comp. Domat, *Lois civiles*, liv. V, p. 508 et 510).

Comment apparaît, dans la législation romaine, l'in-

stitution du fidéicommis : c'est là le premier objet de nos
recherches sur lequel nous éclairent des textes précieux
de Gaïus, d'Ulpien et de Justinien lui-même. Mais, en
vain demanderions-nous aux jurisconsultes une définition du fidéicommis; Ulpien, pour établir une antithèse avec les legs, nous apprend que le fidéicommis
se laisse *non virilibus verbis, sed precatice* (non en termes impératifs, mais en termes de prières). Ce n'est
pas là une définition, et nous pouvons dire que le fidéicommis était une disposition par laquelle, après avoir
gratifié une personne, le disposant la priait de restituer à une autre personne les biens qui étaient l'objet
de sa libéralité.

On sait combien s'étaient multipliées les incapacités
de recevoir par testament : on sait quel luxe de dé-
chéances les lois caducaires, dans le but de faire refleurir le mariage délaissé, avaient ajouté aux inter-
dictions portées contre les pérégrins, les personnes
incertaines, les femmes victimes des rigueurs de la loi
Voconia... (sans compter les municipalités, les pauvres
et les dieux eux-mêmes).

Les ingénieuses tendresses de l'amitié, le légitime
désir de venir en aide à des *incapables* besoigneux,
firent naître de bonne heure la pensée de les gratifier
par voie détournée (Gaïus, Comm. 2, § 285). On insti-
tua donc une personne capable ou on lui légua, en
la priant de restituer au pérégrin, à l'infortuné *cœlebs*
ou au plus malheureux *orbus*, soit l'hérédité entière,
soit une quote-part de l'hérédité, soit enfin un objet

particulier. Le testateur savait que l'incapable n'aurait pas d'action pour se faire rendre les biens, la disposition qui s'adressait à lui étant nulle [1] ; mais il s'en remettait à la foi de son héritier ou de son légataire, sauf, en cas de défiance, à faire intervenir la religion du serment, dont le prestige est toujours si puissant sur l'âme humaine. Ainsi, la volonté du disposant se trouvait protégée par l'engagement *idéal* de la conscience, en attendant que le droit *positif* vînt lui prêter sa force et son appui.

Ce droit positif ne tarda pas à se substituer aux liens parfois trop fragiles du for intérieur. D'ailleurs, l'institution tendait à devenir populaire (*quia justum et populare erat*); la philosophie savait trouver des accents généreux et élevés pour reprendre ceux qui, investis de la mission de rendre, s'en affranchissaient à la faveur du texte rigoureux des lois. Cicéron parle (*De fin. bon.* 11, 17) d'un certain Sextilius, chargé de restituer une hérédité à la fille de son ami, sujette aux rigueurs de la loi Voconia. Sextilius se retranche derrière la loi : sa cupidité s'en fait un rempart, mais le philosophe de s'écrier, fidèle à ses doctrines chéries : « S'il avait suivi l'opinion de ceux qui font passer l'honnête avant l'utile, Sextilius n'aurait pas touché à un denier de la succession » (*ne nummum quidem unum attigisset*). Convenons avec Montesquieu (*Esprit des Lois*, liv. XXVII)

---

[1] Comp. chez nous, art. 911, 1099, 1100 C. N. L'interposition de personne, dont parlent ces articles, rappelle d'une façon saisissante cette première origine des fidéicommis romains.

que cette loi Voconia[1] mettait le fiduciaire (le grevé comme dit le Code, art. 1048 et suiv.) aux prises avec une pénible alternative. « Remettait-il la succession, il était un mauvais citoyen; la gardait-il, il était un malhonnête homme. »

La philosophie proclamait qu'il valait mieux être mauvais citoyen que malhonnête homme[2], et le préteur se fit l'écho de la voix des sages. Sa mission n'était-elle pas en effet de fondre dans ses théories et dans la pratique qui en était le reflet, les inspirations du stoïcisme, les règles de la philosophie grecque, supérieures à tous les faits juridiques, au droit des gens comme au droit civil? Ainsi, forte de la sanction des sages, bien venue du préteur, acceptée par la conscience publique, l'institution des fidéicommis n'attendait plus que l'approbation du prince. Auguste s'empressa de la confirmer, ordonna aux consuls d'interposer leur autorité pour tels ou tels cas plus favorables que d'autres, puis enfin constitua une juridiction spéciale et permanente, celle d'un préteur fidéicommissaire. Ce préteur statuait *extra ordinem*, au lieu de renvoyer devant le *judex*, les fidéicommis ne conférant aucune action civile qui dût être soumise à la procédure ordinaire des actions. (Gaïus, § 278, II.)

[1] La loi Voconia fut faite pour prévenir les trop grandes richesses des femmes. Dion nous apprend qu'on ne pouvait leur laisser par succession testamentaire plus de cent mille sestèrces.

[2] *Deuxième Verrine, Cicér., XVII. Itaque hoc dum corrigere vult aperlior ejus cupiditas facta est!*

La force qui manquait aux fidéicommis à l'origine leur fut donc attribuée par Auguste : depuis lors, on put faire ouvertement par fidéicommis plusieurs dispositions qui n'eussent pas valu ou n'eussent produit qu'un effet imparfait sous la forme d'institutions et de legs.

Aussi bien les pérégrins pouvaient recueillir, au grand jour, des fidéicommis (§ 285 précité) : même faveur était accordée aux *caelibes* et aux *orbi* qui prenaient le tout (*solida fideicommissa*), bien qu'ils ne fussent (les derniers du moins) qu'à demi en règle avec les lois caducaires. Il faut en dire autant des personnes incertaines et des posthumes externes.

Cette faveur singulière accordée aux fidéicommis n'eut qu'un temps : entrée dans les mœurs, l'institution pénétra dans le droit civil lui-même. On crut dès lors devoir la soumettre à des règles précises et sévères. Un sénatus-consulte d'Adrien fit tomber dans le gouffre du fisc les fidéicommis laissés aux pérégrins : le sénatus-consulte Pégasien transporta aux *patres*, ou, en l'absence de *patres*, au peuple, père commun, les fidéicommis laissés aux *orbi* et aux *caelibes*. Quant à l'incapacité des personnes incertaines et des posthumes externes, elle devint la même pour les fidéicommis que pour les institutions et les legs (§ 284, 285, 286, 287, Gaïus, Com. 2).

Ces règles sévères, qui classaient désormais les fidéicommis, non plus parmi les institutions de tolérance (si j'ose ainsi dire), mais bien parmi celles du droit civil, ne semblent-elles pas avoir, à l'avenir, effacé toute distinction entre les fidéicommis et les legs? En effet, dans ces § 284, 285, 286, 287, on lit ces mots : *Sicuti juris est in legatis*, et Ulpien, traitant de la capacité chez le fidéicommissaire, nous dit : *Fidéicommissa dari possunt his quibus legari potest* (Regul., § 6, tit. xxv).

Apparente assimilation, qui ne doit pas nous égarer, en nous faisant dire qu'avant la fusion due à la main de Justinien[1], rien ne sépare plus désormais les fidéicommis d'avec les legs!

En effet, les legs doivent être nécessairement faits par un testateur et mis à la charge de l'héritier, les fidéicommis peuvent même exister *ab intestat* et être imposés à toute personne qui reçoit une libéralité du defunt. Le fidéicommis ne donne jamais l'action en revendication. Il faut, pour en obtenir l'exécution, s'adresser au préteur fidéicommissaire, ou, dans les provinces, au président de la province. Gaïus cite des différences importantes entre le fidéicommis et le legs dit *per damnationem* dont il se rapproche le plus. L'héritier conteste-t-il le legs *per damnationem*, on agit contre lui au double. *Fideicommissi vero nomine semper in simplum persecutio est.* Celui qui a payé à titre de fidéicommis plus qu'il ne devait peut répéter l'indu en prouvant l'erreur. La *condictio indebiti* serait déniée à celui qui aurait payé un legs *per dam-*

---

[1] L. 11, Comm. de leg. Cod. et § III, *de legat.* Instit.

nationem ex falsa causa où *per errorem* (comp. § 280, 282, 283).

DE LA SITUATION JURIDIQUE DU FIDÉICOMMISSAIRE APRÈS LA REMISE DU FIDÉICOMMIS.

Demandons-nous quelle est, après la remise de l'hérédité, la situation juridique de celui qui l'a reçue des mains du grevé. Le principe du droit civil c'est que le grevé garde sa qualité d'héritier, même après la restitution opérée (l. 88, *de hered.* Instit.). — *Non potest effici ut qui semel heres extitit, desinat heres esse.* — Lui seul va pouvoir actionner les débiteurs, être actionné par les créanciers. Mais comment le fidéicommissaire (dans notre langage moderne l'appelé, art. 1053) va-t-il supporter sa part des dettes héréditaires, et profiter de sa part des créances? A l'origine, ni héritier, ni légataire, le fidéicommissaire joue *plutôt* (*potius emptor*) le rôle d'un acheteur (fictif); entre lui et le grevé interviennent les stipulations (*emptæ et venditæ hereditatis*) qui se passent entre le vendeur et l'acheteur d'une hérédité[1].

Mais voici venir le S. C. Trébellien rendu sous Néron (62 de J. C.), qui va donner au fidéicommissaire le masque de l'héritier, du continuateur juridique de la personne du défunt : les actions seront données à lui et contre lui (l. 1, § 2, *ad S. C. Treb.*). Actions purement *utiles*, car on a beau lutter contre le droit strict,

---

[1] Gaïus, Com. II, § 252. Comp. C. N., art. 1698.

on ne fait qu'attribuer au fidéicommissaire une qualité supposée. L'héritier du droit civil ne s'efface pas de la sorte : il est toujours là avec sa personnalité tenace et comme indélébile : contre lui peuvent encore agir les créanciers de l'hérédité, comme il pourrait encore actionner les débiteurs du défunt. Dans le premier cas il opposerait, dans le second il se verrait opposer l'*exceptio restitutæ hereditatis* (l. 1, §4, ad *S. C. Treb.*). Ce texte fait voir que le Trébellien, qui a pour objet principal de venir en aide à l'héritier restituant, veille aussi aux intérêts du fidéicommissaire, car, dit-il, *Quod si agant heredes, repelluntur per exceptionem quodque agendi facultas fideicommissariis competit, procul dubio consultum est* FIDEICOMMISSARIIS. — Add. l. 27, § 7, ad *S. C. Treb.*

En protégeant, à l'aide d'une exception, l'héritier grevé contre les actions des créanciers, le sénatus-consulte le préserve de tout risque (*huic qui restituit securitas data*).

La sécurité dont parle le § 6 du titre XXIII aux Instituts est un résultat purement négatif : le Trébellien met bien l'héritier à l'abri du danger des dettes, mais quel profit lui confère-t-il ? Sa position ressemble à celle qu'avait l'héritier dans ses rapports avec les légataires avant la loi Falcidie : le grevé ne saurait se contenter d'un bénéfice purement illusoire. Qu'arrive-t-il ? il refuse de faire adition, et par ce moyen, dit Ricard, il rend le surplus du testament inutile.

Un nouveau sénatus-consulte, le Pégasien, remédie

à cet inconvénient. Il permet à l'héritier de retenir un quart sur les fidéicommis d'universalité comme sur les fidéicommis d'objets particuliers (*ex singulis quoque rebus*). Ce quart est une image de la Falcidie. Le fidéicommissaire est dès lors traité comme un légataire partiaire (Ulp. Reg., tit, xxv, § 25). Il n'a pas les actions actives et passives, et il intervient entre lui et l'héritier les stipulations *partis et pro parte* (Gaïus, Com. 2, § 257), comme elles interviennent entre le légataire partiaire et l'héritier. Ils se tiennent compte des charges et des bénéfices héréditaires en raison de leur part respective. (V. l. 1, Cod., *ad S. C. Treb.*)

Tel est le premier chef du Pégasien. Le second chef autorise le fidéicommissaire à exiger de l'héritier qu'il fasse adition pour lui, fidéicommissaire, à ses risques et périls[1]. Dans ce cas d'adition par ordre du préteur, l'héritier qui accepte n'a pas le droit de retenir la quarte Pégasienne, puisqu'il ne contribue en rien au payement des dettes et charges (l. 14, § 4, *ad S. C. Treb.*). Il perd tout avantage (*omni commodo prohibetur*), tout prélegs et prélèvement auquel il avait eu droit, s'il avait accepté spontanément (l. 27, § 14, *ad S. C. Treb.*). Est-il substitué pupillaire, il sera tenu de restituer l'hérédité du pupille, qui lui provient de la substitution. Les textes ne laissent nul doute à cet égard, et ne lui donnent le

---

[1] Celui qui fait adition *jussu prætoris*, restitue immédiatement (l. 14, *ad S. C. Treb.*). La restitution forcée peut avoir lieu, même si le fidéicommissaire a la faculté de recueillir l'hérédité par d'autres voies (l. 6, § 5, et l. 27, § 2, *ad S. C. Treb.*).

bénéfice de la quarte qu'au cas où il a fait adition *sua voluntate*.

(*Cur enim non videatur indignus, ut qui destituit supremas defuncti preces, consequatur aliquid ex voluntate.* L. 55, § 5, *ad S. C. Treb.*)

La restitution forcée ôte bien la quarte au grevé, mais elle ne le prive pas des fruits ; il les retient *pro cultura et cura.* La loi 18, § 2, *ad S. C. Treb.*, ne distingue pas pour l'attribution des fruits entre le cas d'une remise volontaire et celui d'une remise forcée. (*Sic.* Cujas, *ad leg.* 18, t. IV, p. 1588.)

Le Sén. Cons. Trébellien se trouva-t-il abrogé par le Pégasien? Non ; chacun d'eux appliquait chacun à des espèces différentes. L'héritier n'était-il pas chargé de restituer plus des trois quarts, on restait sous l'empire du Trébellien.—Devait-il restituer plus des trois quarts, le Pégasien s'appliquait, l'héritier retenait la quarte et les stipulations *partis et pro parte* intervenaient entre le fidéicommissaire et lui. L'héritier restituait-il toute l'hérédité, le fidéicommissaire reprenait le rôle d'un acheteur de l'hérédité, et les stipulations *emptæ et venditæ hereditatis* reparaissaient telles que nous les avons vues figurer avant la venue du Trébellien (conf. § 252, 257, Gaïus, Com. 2 et § 6, Inst.).

Ainsi donc, même depuis le sénatus-consulte Pégasien, le fidéicommissaire continue à être assimilé à l'héritier, conformément au S. C. Trébellien, dans deux cas: 1° lorsque les fidéicommis n'excèdent pas les trois quarts de l'hérédité, ou, ce qui revient au même, lorsque les dispositions du défunt laissent à l'*heres* une valeur égale au quart de l'hérédité ; 2° lorsque l'institué ne voulant pas appréhender la succession pour lui-même, l'accepte *jussu prætoris* aux risques et périls du fidéicommissaire.

Si nous nous plaçons dans un cas où le Pégasien pourrait s'appliquer et que l'héritier, exécutant d'une façon complète la volonté du défunt, ne fasse pas la retenue du quart, que faudra-t-il décider quant aux actions? Faut-il les donner toutes contre le fidéicommissaire? C'est bien l'avis de Paul dans ses Sentences (tit. III, § 2, de S. C. Pegas.) : *Totam hereditatem restituere rogatus, si quartam retinere nolit, magis est ut eam ex trebelliano debeat restituere. Tunc enim omnes actiones in fideicommissarium dantur.* Mais, peut-on objecter, nous sommes dans le cas du Pégasien, et le fait que le grevé ne veut pas retenir la quarte peut-il à ce point changer le droit, que les actions cessent d'exister pour et contre lui[1]? Ne faut-il pas dire que, en présence de cette restitution intégrale, doit revivre l'usage des stipulations *emptæ et venditæ hered.*? Telle paraît bien être la pensée de Gaïus, § 257, com. 2, qui prévoit la double hypothèse de la retenue et de la non-retenue. et dit formellement du grevé : *Sive retinuerit quartam partem, sive noluerit retinere, ipse universa onera hereditaria sustinet* (contrairement à l'opinion de Paul). Le jurisconsulte laisse à l'héritier pour le cas d'une restitution totale, la ressource

[1] Comp. M. Ortolan, t. I, p. 711. M. Machelard, *Obligat. Naturelles,* p. 215 en note.

des stipulations *ad exemplum emptæ et venditæ hereditatis*, § 257 *in fine*. Ulpien que je vois cité par les interprètes, comme partisan de l'avis de Gaïus, ne me paraît
pas avoir eu notre hypothèse en vue dans son § 14,
tit. xxv. Mais il est bien manifeste que les Instituts ont
copié Gaïus et reproduit sa doctrine, § 6, tit. xxiii, Instit.

Au Digeste (l. 45 *ad S. C. Treb.*) l'espèce est formellement prévue par Modestin. C'est le cas du Trébellien, dit le jurisconsulte, comme Paul le sou-
tient dans ses Sentences. Mais, moins affirmatif que
Paul, Modestin se défie un peu de son opinion, et il
ajoute, avec le ton de l'hésitation : « J'aimerais mieux
conseiller au fiduciaire de ne faire adition que sur l'ordre du magistrat, en émettant ses doutes sur la solva-
bilité de la succession. La marche est plus sûre, et les
conséquences de l'adition seront indubitablement ré-
glées d'après le Trébellien. »

Les stipulations *partis et pro parte* (pour le cas où le
fiduciaire retient la quarte) et celles dites *emptæ et venditæ hereditatis* persistèrent jusqu'à la fusion des deux
sénatus-consultes en un seul, opérée par Justinien. Le
Pégasien fut abrogé et le Trébellien remanié. Désormais les actions seront transférées au fidéicommissaire,
même lorsque le fidéicommis excédera les trois quarts,
et sans distinguer entre une acceptation volontaire ou
contrainte, soit que l'héritier profite ou ne profite pas
de la réduction autorisée par le Pégasien.

L'héritier aura toujours le droit de retenir la *quarte*.
Il peut même la répéter, s'il l'a payée *dicat vel repetere*

solutum). Disposition nouvelle qui fait que la *quarte* n'est plus seulement *in retentione sed in petitione*. Sous l'empire du Pégasien, Paul nous l'atteste dans ses Sentences (lib. IV, tit. III, § 4), une telle répétition n'eût pas été possible : on voyait dans cette non-retenue de la quarte, comme l'accomplissement d'une obligation de conscience[1] : *Nec enim indebitum solvisse videtur qui plenam fidem defuncto præstare maluit*. Ici, comme le fait remarquer M. Machelard dans son savant traité des obligations naturelles, la *causa pietatis* fait obstacle à la *condictio indebiti*. On trouve au Code (l. 2, *de fideic.*) un autre exemple de ce devoir de conscience que la loi positive sanctionne comme une véritable dette.

Pourquoi ce point de vue qui paraît sage, a-t-il disparu dans la refonte des S. C. Cujas l'explique en disant : *Qui ex trebelliano restituit quartæ condictionem habet, quia ignorans solvit*. Sous Justinien (§ 7) la restitution se faisant toujours de la même manière, l'héritier peut ignorer que les fidéicommis excèdent les trois quarts de l'hérédité ; ignorance impossible sous le Pégasien. Ce n'est pas seulement à l'héritier institué qu'il appartient de retenir la quarte. C'est un droit que peut revendiquer le fidéicommissaire lui-même, lorsqu'il est chargé de remettre la succession à un tiers, mais seulement au cas où on lui a fait subir, à lui fidéicommissaire, le retranchement de cette quarte. (*Arg. a contr.* de la l. 1, § 19, *ad S. C. Trebel.*)

[1] Comp. dans notre droit les art. 1135, 1340.

Nous avons, par ce qui précède, expliqué tout ce que contiennent les Instituts sur les fidéicommis, et les phases diverses par lesquelles la législation qui les réglementa eut à passer. C'est maintenant à des lois éparses à travers le Digeste, et surtout au titre *ad. S. C. Trebellianum* que nous devons recourir pour l'analyse plus complète et plus détaillée de cette difficile matière.

D'Aguesseau en fait la remarque dans le préambule de l'ordonnance de 1747 : la matière des fidéicommis est fort simple dans son origine. Elle ne tarde pas à se compliquer de l'obligation imposée au grevé, de conserver le bien à rendre pendant un certain temps. Au début de l'institution, l'héritier interposé dut rendre le fidéicommis aussitôt que le testament avait eu son effet (*jam nunc*). Comp. 1. 21, *quando dies leg.* Mais on dut s'écarter insensiblement de cette obligation d'une remise immédiate; des textes précieux nous montrent que l'on tendait, pour peu que les expressions du legs s'y prêtassent, à sous-entendre la condition de la mort du grevé. (V. 1. 8, § 2, *de leg.* 3°; 1. 75, § 1, *ad. S. C. Trebel.*; 1. 41, § 13, *de leg.* 3°.)

Aussi bien cette hypothèse de la mort du grevé, envisagée comme condition de l'ouverture du fidéicommis, apparaît dans les textes comme le terme devenu normal et usuel des restitutions. (V. 1. 57, § 2; 1. 25, § 2; 1. 80; 1. 78, § 16, *ad. S. C. Treb.*; 1. 19, *quæ in fraud.*; 1. 10, § 1, *de his quæ ut indig.*; 1. 57, *de leg.* 3°; 1. 87, § 2, *de leg.* 2°, et une foule d'autres lois répandues à travers les titres *de legatis* et le titre du Trébellien, lib. XXXVI, tit. I.)

Dans l'ancien droit français, si l'on en croit Thévenot d'Essaule, la condition de la mort du grevé n'avait besoin d'être annoncée ni expressément *ni même implicitement*. Et, cet auteur fait remarquer qu'au contraire, en droit romain, dans le doute, le fidéicommis était réputé pur (l. 41, *de leg.*, § 14). La condition de la mort du grevé y était-elle indiquée *implicitement*, cela suffisait, nous l'avons dit, pour que la restitution fût reportée à l'époque du décès; car, alors, il n'y avait pas de place au doute, ni de raison pour voir dans la disposition du défunt un fidéicommis pur [1].

Lorsque le fidéicommis romain est soumis à la condition de la mort du grevé, nous entrevoyons déjà cet ordre successif, dont parlera D'Aguesseau, dans le préambule de l'ordonnance, cette tentative de créer à côté de la volonté de la loi une succession factice, que notre droit français acceptera avec tant d'empressement pour maintenir les biens dans les familles.

---

[1] Il y avait un cas en droit romain où le fidéicommis était présumé conditionnel de droit : quand un ascendant, en instituant héritier un de ses descendants l'avait chargé d'un fidéicommis universel sans parler des enfants de ses descendants, la condition « si l'institué décède sans enfants » était supposée de plein droit dans ce fidéicommis, en sorte que si l'institué laissait des enfants, le fidéicommis s'évanouissait, et les enfants de l'institué profitaient des biens comme héritiers. (L. 102, *Cum avus*, de conditionibus. *Nepos liberis relictis intra ætatem suprascriptam vita decessit : fideicommissi conditionem conjectura pietatis, respondi defecisse, quod minus scriptum quam dictum fuerat inveniretur.* V. Ricard, ch. II, n° 332.)

QUI POUVAIT-ON APPELER A LA SUBSTITUTION FIDÉICOMMISSAIRE?

Les textes répondent : Toute personne capable de recevoir à titre gratuit. (L. 10, *de his quæ ut ind.*) Longtemps le fidéicommis ne fut possible que par voie testamentaire, les fragments d'Ulpien en font foi (tit. 25, § 6). Dans l'ancien droit romain, la donation entre-vifs n'aurait pas conféré au fidéicommissaire d'action en restitution des biens (Cujas, sur la loi 77, § 1, *de leg.* 2°); mais nous voyons la loi 5, Code *de donat.*, quæ *sub modo*, investir le substitué par acte entre-vifs d'une action utile, toute d'équité, en restitution du fidéicommis.

On pouvait appeler un individu non encore conçu. Ce que révèle manifestement la loi 69, § 5, *de leg.* 5°, qui suppose un testateur grevant son frère, par lui institué, de l'obligation de ne pas aliéner sa maison, mais de la laisser *in familia : Omnes fideicommissum petent qui in familia fuerint.* Cujas fait voir que le fidéicommis s'adresse *forcément* aux parents mêmes qui ne seront ni nés ni conçus lors du décès du testateur. L'expression *familia* a ici un sens très-large; elle embrasse même des personnes qui n'ont pas été cognates du testateur et les émancipés eux-mêmes. (L. 69, § 4.)

QUELLES CHOSES POUVAIENT ÊTRE L'OBJET D'UNE SUBSTITUTION?

Toutes sortes de biens et droits, meubles ou immeubles, corporels ou incorporels (l. 41, *de leg.* 1°). La

substitution pouvait-elle porter sur la chose d'autrui ?
Le texte d'Ulpien, qui met les objets donnés par fidéicommis sur la même ligne que ceux laissés par legs
per damnationem, paraît bien trancher la question af-
firmativement. Les Instituts sont d'ailleurs formels
pour nous dire qu'au cas où le disposant a substitué la
chose d'un tiers, qui n'est ni son héritier ni son légataire, le grevé devra ou acheter la chose pour la remettre au substitué, ou, s'il ne peut se la procurer, lui
en remettre la valeur. — Au temps de Gaïus, Com. 2,
§ 262, certains jurisconsultes pensaient que, dans le
cas où le propriétaire de la chose refusait de la vendre, le fidéicommis s'éteignait et le grevé était libéré
à l'égard du substitué. Opinion manifestement écar-
tée par les Instituts, mais qui a son reflet dans un
paragraphe des fragments d'Ulpien, relatif à la liberté
fidéicommissaire. (V. § 11, tit. ii, *Reg.*)

On pouvait substituer *pecuniam numeratam* (*Inst.*,
tit. xxiv, princ.), léguer par exemple 10,000 sesterces à
Paul, et après son décès les substituer à Titius. Par le fait
on substituait une *action* pour demander 10,000 sesterces, à moins que le disposant n'eût désigné les écus
d'une façon spéciale. Cujas exprime cela en ces termes :
*Corpus videtur legatum, si legaverim nummos quos in
arca habeo. Si dixi lego tot nummos legatum est quanti-
tatis.* (L. 55, *de leg.*, 1°.)

Des textes positifs nous apprennent qu'un droit d'u-
sufruit pouvait être l'objet d'un fidéicommis. Était-ce
seulement d'un fidéicommis pur? Était-ce aussi d'un

fidéicommis dont la mort du grevé fût la condition?
Mais les principes sur l'extinction de l'usufruit par le
décès de l'usufruitier semblent s'opposer à une telle
substitution. Aussi bien lisons-nous dans quelques
interprètes modernes (M. Demolombe entre autres[1]) :
« Il n'y a rien à induire de quelques lois romaines qui
admettent que l'usufruit peut être l'objet d'un simple
fidéicommis. » Je crois cependant que c'est même
d'une substitution (d'un fidéicommis s'ouvrant au
décès du grevé) que les textes entendent parler. Et la
preuve, c'est qu'ils prévoient l'objection, consistant à
dire « on ne peut conserver et rendre à sa mort un
droit viager qui périt avec son titulaire. »

Et ils résolvent la difficulté de cette manière :

Le préteur interposera son autorité afin que l'usufruit ne s'éteigne que dans la personne du fidéicommissaire, comme si l'usufruit lui eût été légué directement[2]. C'est une fiction qui tire le jurisconsulte
d'embarras; s'il était question d'un pur fidéicommis,
immédiatement exigible, je me demande pourquoi le
texte s'attacherait ainsi qu'il le fait à l'époque de
la mort du grevé. (Comp. l. 29, *de usu et usuf.,*
lib. XXXIII, tit. II, et l. 4, *quib. modis ususf. amit.*)

Dans notre ancien droit, où la fiction prétorienne
faisait défaut, on arrivait à reconnaître comme valables

---

[1] P. 144, tom. 1, *des Donat.*

[2] V. Cujas, p. 1116. Comp. une décision analogue dans le cas où un usufruit a été légué à un fils de famille et acquis au *paterfamilias.* Si le fils prédécède, l'usufruit réside *in persona patris.*

les substitutions d'usufruit, mais en disant : L'usufruit périt avec le premier légataire, c'est un autre droit d'usufruit que le disposant crée au profit du substitué. Le grevé sera l'héritier du substituant qui souffrira sur la chose dont il est nu-propriétaire l'exercice du second usufruit. (Thévenot, n° 117-118.)

POUVAIT-ON AFFECTER DE SUBSTITUTION UNE CHOSE PRÉCÉDEMMENT DONNÉE?

Nul doute, lorsqu'il s'agissait d'une donation *mortis causa* : une telle libéralité, étant toujours révocable jusqu'au décès du donateur, pouvait *a fortiori* être valablement affectée d'une substitution, même faite après coup : qui peut le plus peut le moins.

C'est bien ce que fait entendre la loi 77, § 1, *de leg.*, 2° : *Eorum quibus mortis causa donatum est, fideicommitti quoquo tempore potest.*

Que décider au cas où la donation était entre-vifs? La négative paraît bien résulter de ce principe formulé au Code : *Perfecta donatio conditiones postea non capit.* Et ce serait un argument bien fragile et bien suspect que celui qu'on voudrait tirer, dans un sens opposé, de la loi 57, § 3, *de leg.*, 3°.

On y voit un père qui donne entre-vifs (*non mortis causa*) à son fils émancipé, et *stipule* pour lui, en cas de survie, ou pour qui il voudra (*cui ego volam*) le retour ou la restitution des biens donnés. A son lit de mort le père écrit à son fils une *epistola fideicommissaria*, par laquelle il le charge de rendre à tel ou tel *certam pecuniam*. Le fidéicommissaire aura-t-il un droit contre le fils qui n'est ni héritier, ni *bonorum possessor*? Scévola répond : Oui, il pourra être actionné comme débiteur par les fidéicommissaires. N'est-il pas permis de croire que la décision du jurisconsulte a été surtout motivée par l'existence de la clause *cui ego volam* insérée dans la stipulation qui escortait la donation entre vifs?

Remarquons, du reste, que dans cette loi 37, § 5, la question ne se pose et le doute ne naît dans l'esprit du jurisconsulte que parce que le fils n'a ni fait adition d'hérédité, ni demandé la *bonorum possessio*. Donc on est autorisé à conclure que si, lors de la substitution faite après coup, le donataire (entre vifs) recevait une nouvelle libéralité[1], cette substitution tardive irait valablement frapper la donation précédente.

Les substitutions fidéicommissaires affectent dans le droit romain des formes très-variées : certaines ont une physionomie à part, véritablement digne d'étude. Je ne veux pas parler de la division bien connue entre les substitutions particulières ou universelles, temporaires ou perpétuelles. Mais le fidéicommis graduel (dans lequel le substitué est grevé envers une ou plusieurs personnes) est particulièrement intéressant, puisqu'il a poussé dans notre ancienne législation de si profondes racines. Pour être graduel, le fidéicommis doit au moins renfermer deux degrés de restitution,

---

[1] Comme dans l'hypothèse prévue par notre art. 1052.

(L. 41, *de leg.*, 5°, § 14; l. 75, § 1, *ad S. C. Treb.*)

N'y avait-il en Droit romain d'autres fidéicommis graduels que ceux faits en nom collectif au profit de la famille? Certaines personnes l'ont prétendu, et des plus versées dans la connaissance du Droit civil. Assurément, le fidéicommis *familiæ r. lictum* est le type du fidéicommis graduel; mais s'obstiner à n'en pas trouver trace ailleurs, c'est méconnaître le sens et la portée de divers textes du titre *ad S. C. Trebellianum.* Dans la l. 1, § 18 et 19, Ulpien décide, suivant l'avis de Julien et de Mecianus, que le fidéicommissaire transmet les actions de l'hérédité au second fidéicommissaire, envers lequel il est grevé, ce qui suppose, à n'en pas douter, une substitution graduelle (Add. l. 62, § 12; l. 70, cod. tit., et l. 87, § 2, *de leg.*, 2°.) Les présomptions suffisaient pour qu'un fidéicommis fût réputé graduel. C'est ainsi que dans la loi 69, § 5, *de leg.*, 2°, où le testateur exprime le désir *ne domus alienetur, sed ut in familia relinquatur,* à la rigueur on aurait pu entendre le fidéicommis du premier degré de la famille seulement, car le testateur n'avait pas dit « qu'on n'aliénât jamais. » Et cependant la loi répute le fidéicommis graduel, puisqu'elle dit qu'après l'admission des plus prochains, il faudra conserver le droit des plus éloignés. *Nec tamen ideo sequentium causa propter superiores in posterum lædi debet, sed ita proximus quisque admittendus est, si paratus sit cavere, se familiæ domum restiturum*[1].

[1] Cujas, ad Leg. 69, § *fratre herede.*

La substitution réciproque joue un assez grand rôle dans les dispositions romaines. Deux personnes sont mutuellement grevées l'une envers l'autre. Le premier de mes fils qui mourra devra restituer à son frère la part qu'il aura prise dans ma succession. (C. 1, 77, *de leg.*, 2°, § 13; 1, 3, § 4, *ad S. C. Treb.*) Aux termes de la loi 3, § 4, on comprenait dans le fidéicommis les prélegs faits au prémourant, lorsque le testateur avait chargé de rendre au frère survivant *portionem*, sans y ajouter le mot *hereditariam*. Il avait fallu un rescrit de Marc Aurèle pour faire admettre cette solution. (Add. l. 16, Cod., *de Fideicommissis*.)

Nous ne pouvons passer sous silence le fidéicommis *de eo quod supererit*, objet de si vives controverses dans notre droit moderne. Ce fidéicommis laisse au grevé la faculté d'aliéner, le grevé n'étant chargé de rendre que ce qui restera.

Mais cette faculté d'aliéner est-elle indéfinie?

S'il en est ainsi, le fidéicommis va devenir pour le substitué un bienfait illusoire. C'est la bonne foi qui sera la mesure naturelle des aliénations que pourra se permettre le grevé. *Verbis fideicommissi bonam fidem inesse constat.* (L. 54, *ad. S. C. Treb.*, et l. 58, § 8, eod. tit., l. 80.) On vit se dessiner, dans ce fidéicommis qui paraît y répugner, l'idée d'une *conservation* imposée au grevé, lorsque dans sa novelle cviii, c. 1, Justinien voulut que le quart des biens fût laissé au substitué[1].

---

[1] C'est là ce qui a égaré des interprètes modernes et des magistrats dans leur appréciation de ce fidéicommis.

Toutefois, dans cette même novelle, Justinien permit au grevé d'entamer par donation ce quart réservé au substitué, dans deux cas dignes d'intérêt, pour cause de dot et avantages nuptiaux et pour rachat des captifs.

Si l'héritier, chargé du fidéicommis de *eo quod supererit* n'avait pas consommé tous les fruits, devait-il faire rentrer le surplus dans la restitution? Deux lois paraissent en désaccord sur la solution de la question; ce sont la loi 3, § 2, *de usuris*, et la loi 58, § 7, *ad S. C. Treb.* La différence des termes employés par le substituant peut mettre sur la voie d'une conciliation. La loi 3, § 2, *de usuris*, assujettit le grevé à la restitution de l'excédant des fruits, parce que le testateur a dit : *Quidquid ex bonis supererit;* l'autre loi dispense l'héritier de cette restitution, parce que le testateur a dit : *Quidquid ex hereditate.* (Comp. l. 18, § 2, *ad S. C. Treb.*)

On voyait une substitution dans la prohibition édictée par le testateur, d'aliéner hors de l'agnation ou de la famille. La substitution tend à assurer, non la puissance et l'éclat de la famille, mais bien son existence. C'est pour elle tout entière que la disposition est faite. On ne voit apparaître aucune velléité, chez les disposants, de créer une destinée exceptionnelle et privilégiée, soit à l'aîné, soit aux mâles. (L. 69, § 3, *de leg.* 2°.) *Si non paruerit heres voluntati, sed domum alienaverit, omnes fideicommissum petent, qui in familia fuerunt.*

Il ne faudrait pas voir, en principe, de substitution

dans la simple prohibition d'aliéner. Il fallait, pour qu'on y vît fidéicommis, une désignation suffisante de la personne en faveur de qui cette défense était faite, sans quoi la prohibition était tenue pour un précepte nu. (L. 114, § 14 *de leg.*, 2°.) On devrait en dire autant de la simple défense de tester. Et cependant que dit la loi 74, *ad S. C. Treb.?* Elle suppose qu'un père, ayant un fils et une fille, fait son testament, et ordonne à sa fille de ne pas tester jusqu'à ce qu'elle ait des enfants. L'empereur, dit Paul, a décidé que ces paroles formaient un fidéicommis au profit du frère, comme si, en défendant à sa fille de tester, le testateur avait voulu par là qu'elle fît son frère héritier. Il faut donc interpréter la disposition du défunt comme s'il avait chargé sa fille de rendre sa succession à son frère. Cette loi 74 paraît en antinomie avec la loi 77, § 24, *de leg.* 2°. — Cujas concilie les deux textes en faisant remarquer la différence des termes employés par les testateurs. — Le testateur, dans la loi 74 *ad S. C. Treb.*, emploie des paroles fidéicommissaires (*non consiliaria*) dit Cujas ; dans l'espèce de la loi 77, § 24, c'est le langage d'un père tendrement préoccupé du sort de sa fille et qui lui donne un conseil.

Un conseil, ajoute le savant interprète, n'est pas un fidéicommis, car celui qui donne un conseil ne dispose pas de sa chose ou de son argent, mais indique comment à ses yeux le bien d'autrui doit être géré. Le fidéicommis est au contraire un mode de disposer de sa chose : *Species est decernendi de re pecuniariæ suâ.*

Cette conciliation est-elle bien heureuse? Et dans une législation qui admettait, pour les fidéicommis, la forme précative, convient-il de faire une distinction si rigoureuse entre la prière et la recommandation ? L'expression *mando* se trouve tout ensemble dans la loi 77 *de leg.* 2° et dans la loi 74, *ad S. C. Treb.* (ἐπιλλομαι τοὶ μὴ διατίθεσθαι· *mando tibi non testari*).

DROITS ET DEVOIRS DU GREVÉ.

Dans ce fidéicommis conditionnel, que nous appelons du nom français de substitution, recherchons en qui réside la propriété *pendente conditione*. — *Sub conditione servus legatus pendente conditione pleno jure heredis est.* Le grevé est bien propriétaire, il aurait la revendication (l. 66, *de rei vindicat.*), malgré la chance qu'il court de voir la propriété lui échapper à un moment donné : le légataire ou le fidéicommissaire (les mêmes règles leurs sont applicables), n'a qu'un droit incertain, un *jus ad rem*, ce que Ricard, dans un langage fleuri, appelle un droit *en herbe, un bouton qui peut produire un fruit ou s'évanouir entièrement*[1]. D'ailleurs, le fidéicommis fût-il pur, s'il appert que le fiduciaire n'est pas un simple *minister*, c'est sur lui que reposera la propriété pendant l'instant de raison qui le sépare de la transmission au fidéicommissaire. Si l'appelé ne veut ou ne peut pas accepter, c'est le grevé qui profite du fidéicommis. (L. 17, *de leg.* 2°.)

[1] Ricard, *Dispos. condition.*, ch. 1, n° 12.

Examinons quelle est l'étendue du pouvoir du grevé, relativement aux aliénations. En principe, il n'a qu'un droit résoluble, et les aliénations qu'il consent sont résolubles comme le droit lui même. (Art. 2125, C. N.) Cela ressort bien de la loi 69, § 1, *de leg.* 1° : *Si serrum sub conditione legatum heres alienarerit; deinde conditio exstiterit, potest nihilo minus a legatario vindicari, nec extinguitur legatum.* — Le fidéicommissaire sera donc fondé à évincer les acquéreurs, lors de l'arrivée de la condition qui tenait son droit en suspens.

Mais cette faculté d'éviction qui va atteindre les acquéreurs ne faut-il pas, du moins dans l'ancien Droit, la limiter au cas où l'acheteur avait contracté avec connaissance du fidéicommis? Paul (liv. IV, tit. I, sent, § 15) suppose que le grevé (*heres*) a vendu la chose substituée à un acquéreur *sciens*; c'est, dit le jurisconsulte, un droit pour le fidéicommissaire de se faire envoyer en possession.

Donc, si l'héritier, ou, d'une façon plus générale, le grevé a vendu à un acheteur qui ignorait la substitution, l'acquisition reste intacte, sauf le droit du substitué contre le vendeur (l. 89, § 7, *de leg.* 2°), soumis envers lui à l'action en restitution du prix. *Respondi propter justam ignorantiam tam mulieris quam emptoris heredem mulieris, ut fundus apud emptorem remaneat, fideicommissario pretium dare debere.* (Conip. l. 1, § 47, *Depositi.*)

Et il faut bien que ces distinctions aient été admises par l'ancien Droit, pour que Justinien, dans la loi 3 au Code (*Communia de legatis*, §§ 2 et 3), ait pris le soin de décider qu'à l'avenir les aliénations des biens substitués seraient rétractées, même en cas de bonne foi de la part des acquéreurs (sauf leur recours, *integra jura*, contre le vendeur). Justinien formule sa pensée en ces termes : il serait déraisonnable que celui qui ne possède pas la chose *pure* (sans condition, sans modalité) pût la transférer à d'autres affranchie des conditions qui grèvent sa possession. Vérité de bon sens que notre Code a si nettement exprimée dans son art. 2125.

Faut-il dire néanmoins que depuis la constitution de Justinien, la question de bonne ou de mauvaise foi chez l'acquéreur soit devenue indifférente ? Non certes, ce serait aller au delà de la vérité. — Désormais insignifiante en ce qui a trait aux rapports des tiers acquéreurs avec les substitués, la question de bonne ou de mauvaise foi reprend son intérêt, au point de vue de l'étendue du recours ouvert aux acquéreurs évincés contre leurs vendeurs (les grevés). Y a-t-il eu mauvaise foi chez le tiers possesseur, il ne peut répéter contre le vendeur que le prix de la vente (*Emptor autem sciens rei gravamen adversus renditorem actionem habeat tantum ad restitutionem*). Quant au possesseur de bonne foi, la novelle xxxix, lui réserve *integra jura contra renditores*, c'est-à-dire son plein et entier recours, pour le prix, pour la plus-value résultant de ses améliorations, et aussi pour la stipulation du double.

Il faudrait néanmoins se garder de croire que cette inaliénabilité, si énergiquement prononcée par la l. 3 *comm. de legatis*, fût sans exceptions.

5

Nous ne revenons pas sur le fidéicommis *de eo quod supererit.*

Les textes nous apprennent que l'aliénation pour payement des dettes était valable. Elle devenait un devoir pour le fiduciaire. Le fidéicommis étant une pure libéralité, les principes de la plus élémentaire justice commandaient que cette libéralité ne fît aucun tort aux créanciers légitimes du disposant.

L'aliénation ayant une cause valable[1] il n'y avait pas de revendication contre les acquéreurs, (l. 1, § 18, *ad S. C. Treb.*; l. 78, § 4, *de leg.* 2°). Ce texte suppose qu'un débiteur qui a engagé sa chose l'a ensuite laissée à Titius par fidéicommis; le créancier gagiste, après la mort de son débiteur, vend la chose *jure pignoris*: l'acheteur qui connaît bien le fidéicommis va-t-il voir la vente rescindée? En aucune façon: l'acheteur savait que la chose donnée à titre de fidéicommis avait été engagée à autrui, et le créancier gagiste a eu le *jus distrahendi.* (V. Cujas, *ad Leg.*, 78, § *si creditor* p. 1511.)

Dans l'hypothèse que nous venons d'examiner, pour le grevé vendre est un devoir dont l'inaccomplissement entraînerait à sa charge une faute lourde (l. 22, § 3, *ad S. C. Treb.*) Les textes ont bien soin de nous dire que l'aliénation des biens substitués, pour payement des dettes, n'est valable que s'il ne se trouve pas dans

<hr>

[1] N'y a-t-il pas quelque analogie entre cette exception à la règle de l'inaliénabilité et le cas où chez nous la loi permet l'aliénation du fonds dotal pour payer les dettes du constituant, ayant date certaine antérieure au contrat de mariage? (Art. 1558, C. N.)

l'hérédité de biens libres suffisants à l'extinction du passif. Ce que révèle la loi 38, *de leg.*, 3°, où figure encore la doctrine de Paul, fondée sur la bonne ou sur la mauvaise foi des tiers acquéreurs.

L'aliénation émanée du grevé sera encore incommutable, lorsqu'elle aura été faite pour cause de dot et autres droits résultant du mariage du grevé. (L. 22, § 1, *ad S. C. Treb.*) Un testateur a institué sa fille, et l'a priée, au cas où elle mourrait sans enfants, de rendre l'hérédité à Titius. — Elle se marie, donne une dot à son mari, meurt sans enfants, en instituant son mari pour héritier. — Celui-ci, en remettant la succession à Titius, peut-il retenir la dot qui lui a été donnée par sa femme ? Oui, dit Ulpien. On ne pourrait soutenir qu'en donnant cette dot à son mari, la femme ait voulu anéantir le fidéicommis dont l'avait grevée son père : *Mulieris pudicitiæ et colo patris congruebat.* Le respect de sa dignité, le vœu présumé de la tendresse paternelle, justifiaient cette sorte d'aliénation. Dans l'esprit d'Ulpien, il y a là, je crois, une manière de fidéicommis *de residuo*. (Comp, *in fine*, § 4.) Ricard, dans son chapitre XIII, section I, nous dit : « Les lois, pénétrant dans les pensées des pères, ont supposé qu'en établissant des fidéicommis dans leur famille, et témoignant avoir voulu travailler par cette voie à sa conservation, à son avancement, ils ont eu dessein que leurs enfants se mariassent avantageusement, et qu'ils n'eussent pas manqué de leur en donner tous les moyens, s'ils les eussent prévus ; en conséquence de quoi ces lois ont voulu qu'un père ayant chargé ses enfants de fidéicommis, et ne trouvant pas dans leur patrimoine ni dans le retranchement de la quarte qui leur est due de quoi constituer des dots et faire des donations à cause des noces, pour rencontrer des mariages convenables à leur condition, qu'ils eussent droit de suppléer ce qu'il s'en faut des biens qu'ils sont chargés de restituer. »

C'est aussi dans le but de donner satisfaction à l'intérêt public, que par sa nov. xvix, cap. 1, Justinien ordonna qu'à l'avenir les enfants grevés par leurs ascendants pourraient, en se mariant, aliéner ou hypothéquer les biens du fidéicommis, pour cause de dot ou de donation à cause de noces.

L'aliénation était encore valable lorsque tous les appelés y avaient donné leur consentement.

Dès là que tous les appelés ont approuvé la vente, peu importe qu'il n'y ait pas de cause sérieuse qui la justifie : leur adhésion lui donne toute sa force. Mais les textes sont formels pour exiger le consentement de tous ceux qui peuvent aspirer au fidéicommis. (L. 11, *de fideicom.* Cod., l. 120, § 1, *de leg*, 1°, Dig.) Si le fidéicommis est graduel, et que quelque substitué ultérieur n'ait pas adhéré à l'aliénation, quoique les substitués antérieurs y aient consenti, l'aliénation sera révocable à l'égard de ce substitué ultérieur[1]. *Qui non vendidit cæterorum partes, quibus non dedit alienandi*

____

[1] Il y a quelque chose d'analogue dans notre art. 918, *in fine.*

voluntatem, integras petet. [(L. 77, § 27, *de leg.*, 2°.)

L'adhésion des substitués doit être manifestée d'une façon qui ne puisse permettre le doute. Il ne suffirait pas que le substitué eût assisté au contrat comme témoin, pour qu'on pût en conclure son adhésion à la vente.

Le consentement à l'aliénation enlève-t-il à ceux qui le donnent toute espèce de droit sur le prix de cette aliénation, et doit-on dire que le grevé demeure propriétaire incommutable du produit de la vente?

La loi 92, *de leg.*, 1°, paraît bien reconnaître au fidéicommissaire le droit de toucher le prix ; car voici l'espèce et les termes de la loi. Un des héritiers, pour payer les dettes de la succession, achète un fonds laissé par fidéicommis à Titius, en fournissant une valeur proportionnelle aux revenus du fonds.

Le fonds lui est donc vendu en présence du fidéicommissaire Titius, qui assiste à la vente et signe. Titius a-t-il perdu tout droit au fidéicommis? Le texte répond à la question en ces termes : *Placet non fundum, sed pretium ejus restitui debere.*

Mais voici un autre texte qui prévoit le consentement du fidéicommissaire à la vente, et l'exclut du droit de répéter le prix. (L. 88, *de leg.*, 2°, § 14. Comp. aussi la loi citée plus haut, l. 120, § 1, *de leg.*, 1°.)

Ces textes sont en désaccord : peut-on les concilier? C'est une peine que Cujas a prise, et il a proposé de lever ainsi l'antinomie : tout gît dans les termes des deux textes. Quel rôle remplit le fidéicommissaire dans l'espèce de la loi 92 ? Il assiste et il signe au contrat. Manière insuffisante, avons-nous déjà remarqué, d'exprimer son consentement à la vente ; aussi Cujas dit-il de ce fidéicommis : *Fideicommissi persecutionem non amisit.* Mais si cette signature n'implique pas abandon complet du droit de revendiquer le bien substitué, toujours est-il que ce droit, en une certaine mesure, se trouve amoindri. Le fidéicommissaire devra donc se contenter du prix (sauf néanmoins le droit qui est réservé formellement à l'héritier de délivrer le fonds lui-même, *si malit*).

Dans la loi 88, § 14, *de leg.,* 2°, que lit-on : *Ex consensu omnium ab herede venumdata est insula. Respondi ob pretium nullam fideicommissi persecutionem esse.* Et dans la loi 120 § 1, *de leg.,* 1° ; *Omnibus quibus fideicommissum relictum est, ad distractionem consentientibus nullam fideicommissi persecutionem superfuturam.* Ces deux textes parlent donc, non plus d'une signature, non plus de la simple assistance d'un témoin silencieux, mais d'un énergique et formel consentement. Ici l'on doit abandonner, comme dangereuse, la maxime : *Qui ne dit rien consent,* et pour prendre les expressions mêmes de Cujas, *est consentire palam et diserte consentire.*

Je proposerais, avec une grande hésitation du reste, une autre conciliation de ces deux lois 88, §§ 14 et 92. Je suis d'avis que le consentement des substitués leur doit faire perdre en principe tout espèce de droit sur l'objet du fidéicommis. (Arg., l. 120, § 1, *de leg.*, 1°). Mais je dis : Dans la loi 92 *de leg.*, 1°, il n'y a nullement à se préoccuper du plus ou moins d'adhésion manifestée par le substitué. — Eût-elle été aussi formelle que possible (et non pas seulement traduite par une signature ou la muette assistance d'un témoin), cette adhésion importait peu pour la validité de l'aliénation. — Ne s'agissait-il pas en effet d'une vente faite par des héritiers à l'un d'entre eux, dans la vue de payer les dettes de la succession ! Or n'est-ce pas là une des causes qui valident l'aliénation des biens substitués? Et qu'y pouvait ajouter le consentement des appelés ! Absolument rien. — La conclusion que je serais disposé à tirer de la loi 92 serait celle-ci : Lorsque l'aliénation des biens substitués a pour objet l'amortissement du passif héréditaire, les fidéicommissaires ont un droit sur le prix de la vente. Et cette décision ne me paraît contredite par aucun texte, car la loi 78, § 4, en parlant du créancier gagiste qui exerce son *jus distrahendi* se borne à dire que l'acquéreur du bien substitué ne devra pas être inquiété. La question du recours contre le grevé en restitution du prix est passée sous silence.

En dehors des cas d'aliénation que nous avons parcourus, on reconnaissait au grevé le droit d'aliéner pour le temps de sa propriété, sous cette condition que la vente serait résolue par l'événement qui ouvrirait la substitution, la l. 12, § 2, *fam. ercisc.*, montre que l'objet légué sous condition était compris dans l'action de partage, et adjugé avec la modalité qui le grevait. Add., l. 5, *Comm. de leg.* [1],

Lorsque le grevé, après avoir vendu les biens substitués laissait pour héritiers l'un des appelés, on aurait dû, en s'attachant à la rigueur des principes, décider que cet héritier était non recevable à exercer la revendication. — Cependant la loi 67 § 3, *de leg.*, 2°, donne une solution opposée. — N'eût-il pas été, en effet, contraire au vœu le plus cher du disposant d'interdire à l'appelé héritier du grevé la revendication des biens aliénés, puisque c'est précisément pour les lui conserver qu'a été établie la substitution?

LE GREVÉ PEUT-IL, *PENDENTE CONDITIONE,* AFFRANCHIR L'ESCLAVE, OBJET DU FIDÉICOMMIS?

La négative semble bien résulter de la loi 11, *de manumissionibus*, et de là loi 29 [2], *qui et a quibus.* L'opinion contraire est cependant exprimée dans d'autres textes (l. 25, § 2, *ad S. C. Treb.*). — Que suppose cette loi? Un père institue son fils pour son unique héritier, et dans un codicille le charge de remettre la succession à sa sœur, dans le cas où il mourrait sans enfants. Le fils affranchit par testament Stichus, esclave héréditaire.

[1] Comp. ordonnance de 1747, tit. 1, art. 13.

[2] V. Glose sur la loi 11, *de manumissionibus.* Motif de la loi 29, *qui et a quibus,* donné par la glose. A l'arrivée de la condition il ne pourrait (le légataire) revendiquer l'esclave qui serait devenu libre; et voici pourquoi il peut aliéner *pendente conditione jure ito, sed non manumitti. Idem et si heres pendente conditione faciat locum religiosum* (de relig.; l. 3l).

Les héritiers du fils devront rendre à la sœur du défunt le prix de l'esclave affranchi, *libertate favore sui servata*. L'affranchi garde sa liberté, l'appelée est indemnisée. (V. même sens, l. 70, § 1, cod. tit.)

Je crois que c'est à ce dernier sentiment qu'il convient de se rendre. La loi 25, § 2, et même la loi 70, § 1, encore que moins précise dans ses termes, visent un cas de substitution ; les textes opposés parlent, l'un et l'autre, d'un legs fait sous condition suspensive. D'ailleurs l'intérêt de la liberté et de la dignité humaine réclame une telle solution. C'est la philosophie stoïcienne, sœur aînée du christianisme, qui triomphe dans la dernière décision. (Celle-ci est d'ailleurs en harmonie parfaite avec l'instinct d'humanité qui fit abolir par Justinien le *jus accrescendi* dans le cas où l'un des copropriétaires d'un esclave disposait seul du droit de tous par un affranchissement. (*L.* 1, § 5, *de com. serv.*, Cod.)

Quant à la loi 5, com. *de legatis : Nemo itaque heres*, etc., elle dit bien que l'on ne peut affranchir l'esclave légué ou substitué, quand il s'agit d'un fidéicommis pur ou à terme certain : pour ce qui est du fidéicommis conditionnel (*vel sub incerta die*), la loi ne dit rien de semblable (§ 5), et ne s'explique que sur les aliénations. — Son silence à l'égard des affranchissements se justifie sans peine. N'est-il pas évident que si l'esclave ne pouvait être affranchi *pendente conditione* il serait souvent privé durant toute sa vie de l'espoir d'obtenir sa liberté, de manière que la substitution rendrait son sort plus dur qu'auparavant, ce qui blesserait la justice et l'humanité !

Nous venons de voir quelle est l'étendue des pouvoirs du grevé, lorsqu'il s'agit pour lui d'exercer le droit de propriété ou d'autres droits réels. Il peut avoir en outre des droits de créance à faire valoir : peut-être le substituant était-il son débiteur, et l'adition que le grevé a faite n'a pu le frustrer du montant de ses créances. (L. 51, *ad S. C. Treb.*)

Il ne doit la restitution du fidéicommis que déduction faite de ce qui lui était dû par le substituant.

Mais alors, a-t-on droit de se demander, son action, que l'adition avait éteinte, va revivre lors de la remise du fidéicommis, pour obliger le fidéicommissaire à payer la créance ! — La loi 80, *ad S. C. Treb.*, semble bien formelle pour dire le contraire. On se demande, dans cette loi, si les héritiers du grevé, créancier du substituant, pourront exiger du fidéicommissaire ce qui était dû à leur auteur par le substituant lui-même. J'ai répondu, dit Scœvola, qu'ils ne le pouvaient point. *Aditione enim hereditatis confusa obligatio interciderat.* (Mêmes expressions, l. 59, *ad S. C. Treb.*) Plus d'action civile : elle est éteinte par la confusion que l'adition a produite. — Subsiste une obligation naturelle, qui pourrait être forcée dans son exécution au moyen d'un gage.

Ce que le grevé certainement a pour lui, c'est un droit de rétention. Retient-il sur les valeurs de l'hérédité l'argent qui lui est dû ? ou bien retient-il la totalité du fidéicommis pour obliger indirectement le fidéicommissaire à le payer? Il semble bien que c'est la totalité du fidéicommis qu'il devra retenir. « *Sed fideicommissi repetitio erat* (l. 80, *ad S. C. Treb.*). » La répétition est une conséquence du droit de retenir qu'elle suppose *a fortiori* (arg. de la loi 60, *de leg.*, 1° et l. 21, *ad S. C. Treb.*). — Si, dans l'espèce de la loi 80, *ad S. C. Treb.*, la *repetitio fideicommissi* est déniée aux représentants du grevé, créancier du substituant, c'est parce que, chargés d'un fidéicommis de *eo quod supererit*, ils avaient manqué à la bonne foi. — C'est une considération de fait, une raison d'équité qui leur enlève la ressource de la *fideicommissi repetitio*.

Il est question, dans la loi 44, d'une action indiquée par antithèse au droit de rétention. On pourrait au premier abord croire qu'il s'agit là d'une action différente de la *repetitio fideicommissi*. Un savant romaniste m'a assuré n'y voir qu'une *condictio indebiti*. L'auteur pense qu'on arrivait de la sorte à créer cette action. En acquérant l'hérédité, le fiduciaire est devenu envers le fidéicommissaire débiteur de tout ce qu'il a à restituer; mais en même temps il est autorisé à retenir sur les valeurs de l'hérédité le montant de ce qui lui était dû par le défunt. Or, on admettait que celui qui, pouvant compenser, n'avait pas usé de cette faculté, était fondé à exercer la *condictio indebiti*. (L. 59, *de cond. ind.*)

Lorsque au lieu d'être créancier du défunt, le grevé était son débiteur, le fidéicommissaire (universel) avait une sorte d'action *utile*, afin de pouvoir, malgré la confusion, suite nécessaire de l'adition d'hérédité, répéter contre le grevé la créance du substituant (l. 27, § 11; l. 58, *ad. S. C. Treb.*). Comme lorsque l'on envisage les choses au point de vue actif, en droit strict, l'action qu'avait la succession contre le débiteur se trouve anéantie par confusion.

Nous n'avons jusqu'ici examiné (sauf cette dernière hypothèse) que les droits du grevé. Il nous faut à présent rappeler ses devoirs.

Tant que le fidéicommis n'est pas ouvert, le fidéicommissaire, sorte de créancier *conditionnel*, ne peut nullement agir. Mais, par un motif d'équité conforme au vœu présumé du substituant, le préteur donne au fidéicommissaire une action conservatoire[1] par laquelle il peut, à son gré, demander caution au grevé.

Faute de fournir cette caution, le grevé subissait, de la part du fidéicommissaire, un envoi en possession, sorte de gage, de nantissement prétorien. (L. 4, Cod., *ut in poss. leg.*)

La loi 5, *ne eis fiat ei...*, dit que lorsque sur l'envoi en possession, *servandi fideicommissi causa*, le titulaire du fidéicommis n'était pas admis à prendre possession, il devait être *installé* par la puissance du magistrat, lequel pouvait faire exécuter son décret en vertu du droit attaché à son pouvoir, quelquefois même en employant la main armée. Ce texte est extrêmement re-

[1] Comp. C. N., art. 1180.

marquable, en ce sens que l'on y rencontre la *manus militaris*, voie d'exécution qui, sous la jurisprudence classique, me paraît être déjà en vigueur. Certains interprètes l'ont nié, et à leur tête se placent Ant. Favre et l'illustre Savigny. La controverse dure encore : elle s'élève principalement sur le texte de la loi 68, *de rei vindicatione*.

Cujas paraît bien supposer que les fidéicommissaires conditionnels ne pouvaient intenter d'autre action que celle à fin de cautionnement et d'envoi en possession. Car, après avoir dit que le créancier conditionnel ne peut point, *pendente conditione*, être envoyé en possession, puisqu'il ne lui est dû ni argent, ni sûreté, il affirme qu'il en est autrement en matière de legs et de fidéicommis, qu'on assimile à cet égard aux *bonæ fidei judiciis* (*in quibus ante conditionem agi potest ad cautionem interponendam*).

Même au cas où le grevé abuse de la jouissance (Comp. C. N., anal. 618), il ne faut accorder au fidéicommissaire, contre le grevé, d'autre secours que la caution et subsidiairement l'envoi en possession. (L. 114, § 12, *de leg.*, 1°.)

Dans notre ancien droit, Ricard, qui remonte toujours, dans ses études sur les substitutions, aux théories de la législation romaine, estime que le substitué, au cas d'abus de la part du grevé, avait la faculté d'obtenir une restitution définitive. Je sais bien que la loi 50 du titre *ad S. C. Treb.* offre un exemple d'une restitution définitive au profit du substitué, pour cause d'abus de la part du grevé (ce que Ricard appelle sa mauvaise conduite). Mais cet exemple demande à n'être pas généralisé.

Le texte prend soin de nous expliquer ce qui a justifié une mesure si extrême : « Le grevé est un père : la dignité de la puissance paternelle résiste à l'intervention d'une caution, se présentant pour garantir la *bonne conduite* du père : à la rigueur, cette caution eût pu être fournie par un père à son fils émancipé, délié de la puissance paternelle; encore, par un sentiment de légitime déférence, était-on dans l'usage de remettre; en cas pareil, la *satisdatio.* »

Pour tenir lieu de caution, l'empereur Adrien fit subir à ce père prodigue dont parle la loi 50 la perte du fidéicommis; avec cette réserve toute d'humanité et de justice, qu'au cas où le père serait dans le besoin, le juge pourrait lui faire donner une somme sur les revenus de la succession.

La loi 6, § 1, au Code *ad S. C. Treb.*, mentionne deux cas où la caution pouvait être exigée du père : le premier, lorsque le testateur avait ordonné qu'elle fût fournie; le second, lorsque le père ou la mère convolait à de secondes noces. Sauf ces deux cas, pas de caution entre le père et le fils. De là nécessité de combler une lacune, de là la décision spéciale d'Adrien, qui ne devait pas être étendue à d'autres espèces que celle qu'elle visait.

OUVERTURE DU DROIT DES APPELÉS.

C'est la condition résolutoire du droit du grevé qui ouvre le droit des appelés. Le plus souvent, nous l'avons dit, la cause de l'ouverture sera le décès du grevé; d'autres événements toutefois peuvent amener la résolution de ses droits. La loi 50 de notre titre nous en donne bien la preuve. *Si in potestate sua desiisset, hereditatem restituere rogatus.* (Add., l. 75, § 2; l. 78, § 15; l. 21, *quando dies leg., in fin.*)

Rencontrons-nous en Droit romain l'abandon anticipé au profit des appelés dont il est question dans notre art. 1053 C. N.? Si l'on s'en tient aux termes de la loi 12 *de fideicommissis*, au Code, c'est une faculté qui paraît sans conteste appartenir au grevé, *explorati juris est*, dit la loi.

Écoutons Ricard développer ce principe: « Le temps et la condition étant censés avoir été apposés au fidéicommis en faveur de celui qui est chargé de restituer, au moyen de ce qu'il gagne, les fruits jusqu'au jour de l'ouverture de la substitution[1], il n'y a pas de difficulté, qu'il lui est libre de prévenir l'échéance du fidéicommis, en le restituant au fidéicommissaire avant que la condition soit échue. » Mais Ricard apporte une restriction à cette doctrine, et ajoute que cette résolution du droit du grevé ne doit avoir lieu que dans le cas où l'utilité du retard regarde uniquement la personne qui

[1] L. 1 18, ad S. C. Treb. Ricard, p. 152, n° 21.

est chargée du fidéicommis et qu'il s'agit de remettre un droit qui lui appartient à lui seul.

Mais, pour peu que le fidéicommissaire ait intérêt à ce que la remise n'ait lieu qu'au jour fixé, le grevé ne saurait dès lors avoir le droit d'avancer la restitution. L'intérêt que le fidéicommissaire peut avoir à ne pas recevoir les biens prématurément se comprend aisément. Il est, je le suppose, fils de famille, et substitué pour le temps où son père viendrait à mourir. — Si, par le fait d'une remise anticipée, la substitution s'ouvre au profit de ce fils de famille avant son émancipation, ce n'est pas lui qui va en profiter, car il acquiert pour son père qui l'a sous sa puissance. Et dans le droit antéjustinien le père recueillera la propriété et l'usufruit tout ensemble. (Comp., § 1, *per quas personas nobis adquir.*) — Une autre espèce, prévue par la loi 114, § 11, *de leg.*, 1°, nous révèle un nouvel intérêt que peut trouver le substitué à ne pas recevoir un abandon anticipé. Supposez un certain nombre de substitués ; chacun d'eux peut avoir la chance de se trouver seul par le prédécès des autres. (V. l. 22, *ad. S. C. Treb.*)

Il convient donc de resserrer dans de justes limites l'application du principe si largement posé dans la loi 12, *de fideicommissis*, pour le tempérer par la règle toute sage et toute pratique, déposée dans la loi 15, *de annuis legatis.* — La validité de l'abandon anticipé sera toujours subordonnée à la solution affirmative de cette question : — La restitution laisse-t-elle intacts les intérêts des fidéicommissaires ?

Dans le cas où la remise anticipée s'accomplissait valablement, les créanciers du grevé, après cet abandon,
demeuraient sans action sur les biens substitués. On
ne voyait dans cette restitution prématurée de la part
du grevé que la marque d'une pleine obéissance au
vœu du substituant; on était bien loin d'y soupçonner
le dessein de frauder les créanciers. (L. 19, *quæ in
fraud. credit. plenam fidem ac debitam pietatem secutus
exhibitionis respondi non creditores fraudasse.*) — Texte
que certains interprètes ont cru spécial au cas particulier qu'il prévoit[1], mais dont la plupart ont déduit
cette règle générale que le Droit romain n'accordait
aux créanciers aucune action révocatoire à l'égard des
fidéicommis restitués avant l'échéance de la condition :
et Ricard, partisan de cette dernière opinion que je
crois juste, afin de montrer que la décision de la loi 10
n'est pas fondée sur ce que le fidéicommis est resti-
tué par un père à son fils émancipé, mais renferme un
principe général, dit : « Ce qui résulte de ce que dans
l'espèce de la loi 10 il est supposé que l'héritier avait
remis non-seulement une partie du temps de sa jouissance, mais aussi la falcidie qu'il avait droit de distraire
en propriété, sans que l'on pût dire qu'il y eût aucun
terme dans le testament qui pût servir de présomption
pour l'engager à abandonner sa falcidie au fidéicommissaire; ce qui fait connaître que la décision de
cette loi n'a pu être fondée que sur la nature et la

------

[1] Cujas. *in lib. II Respons. Papiniani.*

4

faveur du fidéicommis.» — Add. l. 20, *quæ in fraud.*[1].

A quel moment la capacité est-elle requise chez le substitué ? — On devra la rechercher à l'ouverture du fidéicommis, car c'est à ce moment seulement que la libéralité prend effet. (L. 52, *de leg.*, 2°.) — La loi 52, § 6, *de leg.*, 2°, semblerait contrarier ce principe, en s'attachant au décès du testateur pour fixer la capacité des appelés au fidéicommis *familiæ relictum* : mais probablement il s'agit dans ce texte d'un fidéicommis pur.

Le fidéicommis est-il conditionnel, il faut et il suffit que l'appelé soit capable au moment de l'échéance de la condition qui est pareillement celui de l'ouverture. (L. 98, *de cond. et demonstr.*)

Une fois le droit ouvert en la personne de l'appelé, il devient transmissible : *Effectus cessionis diei est transmissio*, dit Cujas. Avant l'ouverture, l'appelé n'a qu'une simple espérance, et cette espérance il ne la transmet pas. (Comp. art. 1040 C. N.). Ce n'est pas ainsi que les choses se passent, en matière de stipulations conditionnelles : l'espérance s'y transmet comme un droit acquis.

Le substitué devient-il propriétaire aussitôt que le fidéicommis est ouvert à son profit ? Non, il faut acceptation de sa part pour que la propriété lui soit transférée. (L. 80, *de leg.*, 2°; l. 44, § 1, *de leg.*, 1°.) Ce

---

[1] Ricard, ch. x, part. II, n° 49. — Dans son art. 42, l'ordonnance de 1747 a rejeté sur ce point la disposition de la loi romaine et le sentiment de Ricard.

que les textes disent du légataire doit s'étendre au substitué en vertu de l'assimilation due à Justinien.

Dans le cas où le fidéicommis était universel, dès que l'héritier avait déclaré qu'il restituait l'hérédité, le fidéicommissaire avait la chose *in bonis* avant d'être réellement entré en possession (l. 63, *ad S. C. Treb.*) : semblable en cela au *bonorum possessor*, au *bonorum emptor*, il était protégé par une action *in rem fictitia*, qui ne reposait pas, à vrai dire, sur la fiction d'une usucapion accomplie, mais sur la fiction de la qualité d'héritier. Sous le système formulaire, le préteur modifiait la formule d'après cette fiction. Gaïus donne à cet égard d'intéressants détails, § 34, 35, 253 [1].

Au temps de Paul, la délivrance seule donnait l'action *in rem* contre les détenteurs, mais avec Justinien, pour tous legs et pour les fidéicommis, l'action *in rem* est donnée, sans qu'il soit besoin désormais de délivrance, ni de *missio in rem*. (L. 1 Cod., *Comm. de legatis.*)

Quoique le fidéicommissaire ne devint propriétaire que par l'acceptation, il était censé, quand il acceptait, avoir été propriétaire du jour de l'ouverture du fidéicommis. (L. 86, § 2, *de leg.*, 1° : *Si non repulerit, ex die aditæ hereditatis ejus intelligetur.*)

Si le grevé fait les fruits siens en les percevant avant que le fidéicommis soit ouvert (l. 18, § 2 ; l. 57, *princip. ad S. C. Treb.*), le fidéicommissaire, à son tour,

---

[1] V. M. Pellat, *de la Propriété*, p. 442.

dès qu'il a la propriété, acquiert les fruits pendants, *pars fundi*, comme disent les textes.

Certains textes paraissent n'attribuer les fruits au fidéicommissaire que du jour où il a mis le grevé en demeure de lui rendre les biens. (L. 8 et 39, *de usuris*; l. 44, § 1, *ad S. C. Treb.*) On y lit ces mots : *Nec fructus fideicommissarium sequitur, si mora non intercessit.*

Cujas propose de rattacher ces textes à l'hypothèse où la propriété n'est pas encore acquise par le fidéicommissaire, où partant il n'y a pas eu tradition, (On sait qu'avant la loi 1, Cod. *Com. de leg.*, sauf le cas du fidéicommis universel, il fallait tradition pour transférer la propriété au substitué).

Or, je m'explique les textes qui exigent la mise en demeure, pour l'attribution des fruits au fidéicommissaire, en disant : lorsqu'il faut délivrance de la part du grevé pour investir le fidéicommissaire de la propriété et des fruits qui en sont le corollaire, on peut dire du grevé ce que la loi 22, *ad S. C. Treb.*, dit de celui qui est chargé d'un fidéicommis *præsenti die*, et ne rend que fort tard les fruits qu'il a perçus : il les tient non pas de la volonté du *de cujus*, mais de la négligence du fidéicommissaire.

Fructus qui percepti sunt, negligentiâ petentis non judicio defuncti percepti sunt.

Eh bien, sans m'attacher spécialement au fidéicommis *præsenti die*, mais en le supposant même conditionnel, je dirai du fidéicommissaire : Il sait que c'est la tradition qui lui donnera et la propriété et les fruits, qu'il demande donc la délivrance. C'est sa négligence qui lui nuit, il ne tient qu'à lui de devenir propriétaire. Qu'il mette le grevé en demeure : *non fructus fideicommissarium sequitur, si mora non intercessit.* Et je rattache à cette explication le *nisi cum mora facta est* de la loi 18, *ad S. C. Treb.* [1]

Mais s'il n'y a plus de délivrance à demander pour devenir propriétaire, si ne pas repousser le fidéicommis ou le legs suffit pour en être titulaire, du jour de l'adition d'hérédité (l. 86, § 2, *de leg.*, 1°); oh! alors, pourquoi la mise en demeure! Le grevé sait bien qu'il n'a pas de tradition à faire pour rendre l'appelé propriétaire. Cette fois, il n'est plus permis de dire : *Fructus percepti negligentia petentis*, mais ils sont dus à l'appelé *et jure, et judicio testantis.*

L'appelé peut revendiquer aux mains de tout possesseur les biens du fidéicommis. (L. 69, § 5, *de leg.*, 2°.)

Mais ici s'élève une intéressante controverse. Pour déterminer le moment où naît au profit de l'appelé le droit de revendication, n'y a-t-il pas à distinguer entre le cas d'une aliénation volontaire et celui d'une aliénation forcée? Je suis tenté de faire la distinction, et de dire : au cas d'aliénation volontaire, le droit des appe-

[1] La loi 42, *de usuris*, confirme bien ce système; elle : dit Les fruits perçus *post adquisitum dominium* sont au fidéicommissaire (sans qu'il soit question de mise en demeure). — Mais pour ceux qui précèdent l'acquisition de la propriété (par tradition), elle ne s'explique pas : la demeure les fera acquérir au fidéicommissaire. (L. 18, *pr. ad S. C. Treb.*)

lés s'ouvre immédiatement, car le grevé a contrevenu à ses obligations. L'aliénation est-elle forcée, indépendante de la volonté du grevé, les acquéreurs seront à l'abri de toute revendication jusqu'au jour de la mort du grevé.

Un texte bien précis vient à l'appui de cette opinion, qui a été défendue par Cujas. C'est la loi 69, § 1, *de leg.*, 2°. On y suppose qu'un testateur institue héritier ou son fils ou son frère, ou tout autre membre de la famille, et lui défend d'aliéner tel immeuble hors de la famille; le testateur vient à mourir : les créanciers de l'héritier mettent ses biens en vente, et parmi ces biens, l'immeuble objet du fidéicommis. Ce que le testateur a défendu, c'est l'aliénation volontaire, spontanée de la part de l'héritier, alors à l'instant s'ouvrirait pour ceux qui auraient droit une action pour reprendre l'immeuble aliéné entre les mains des tiers. Mais le testateur a-t-il pu défendre l'aliénation forcée? — Non, il n'a pu, par une telle défense, frauder les créanciers; et alors que les créanciers du testateur vendent les biens de l'héritier, ou se les approprient *jure pignoris*, jamais, en aucun temps, la *persecutio fideicommissi* n'appartiendra aux appelés, pas plus que si l'héritier vendait lui-même, avant toute saisie, l'immeuble substitué pour éteindre le passif héréditaire[1]. Ce n'est pas là l'espèce prévue par le texte *bona heredis veneant;* ce sont les créanciers du grevé qui poursuivent. Que dit la loi :

[1] Voir ce que nous avons dit de l'irrévocabilité de l'aliénation pour cause de dettes, page 54. — V. l. 114, § 14, *de leg.*, 1°.

Tandiu emptor retinere debet quamdiu debitor haberet bonis non venditis : post mortem ejus habiturus, quod exter heres præstare cogeretur. Le fonds restera entre les mains de l'acquéreur aussi longtemps qu'il fût resté entre les mains de l'héritier, s'il n'eût été, avec le reste de ses biens, saisi et vendu par ses créanciers. Mais, s'il vient à mourir laissant un héritier étranger, la famille va poursuivre son droit au fidéicommis, tant contre l'héritier de l'héritier que contre l'acquéreur.

La loi 21, *de fideic. libert.*, confirme cette doctrine, en ce qu'elle ouvre un droit immédiat à la liberté, au profit d'un esclave laissé par un testateur à son héritier, avec cette défense « *Ne Stichus alternis servitutem experiatur.*» L'héritier vend l'esclave de son vivant; les paroles dont s'était servi le testateur parurent renfermer une liberté fidéicommissaire, sous la condition suspensive, *si heres eum alienaverit.* L'aliénation émanée de l'héritier réalisant la condition, le fidéicommis *de liberté* fut aussitôt ouvert au profit de l'esclave[1].

COMMENT S'ÉTEIGNENT LES SUBSTITUTIONS.

La substitution étant un fidéicommis conditionnel, s'éteindra par le défaut de la condition; si la condition est la survie de l'appelé au grevé, et que l'appelé meure avant l'ouverture, le fidéicommis s'éteint en faveur du grevé. Si la substitution est faite pour le cas où l'appelé aura tel âge, et qu'il vienne à mourir avant cet

---

[1] Comp. M. Villequez, *Revue histor.*, mars, avril 1863, p. 103.

âge, les textes sont formels pour dire : « *ad heredem nihil transit.* (l. 49, § 1, *de leg.*, 1°, l. 6, § 2, *ad S. C. Treb. Cod.*)

Le décès de l'appelé, son incapacité survenue avant l'ouverture du fidéicommis, telles sont les causes de caducité les plus fréquentes. L'anéantissement de la chose substituée sera une cause d'extinction du fidéicommis ; cela est dit formellement dans la l. 22, *ad S. C. Treb.* La révocation du fidéicommis pourra émaner de l'auteur de la substitution lui-même. Le fidéicommis reste sans effet si le substitué vient à y renoncer (principe général déposé dans la loi 20 Cod., *de pactis*). La renonciation se produit-elle après l'ouverture du fidéicommis, elle est irrévocable, et le renonçant serait repoussé par une exception de dol. (l. 20 Cod., *de fideicomm.*)

Le substitué répudie-t-il avant l'ouverture, les textes font une distinction.

Sans doute c'est un principe d'une incontestable vérité, qu'on ne peut absolument renoncer à une chose à laquelle on n'a encore aucun droit.

Mais cependant, quoique faite avant l'ouverture, la renonciation aura son effet si elle a eu la forme d'un pacte (l. 16 Cod., *de pactis*). Cette loi s'applique évidemment à un cas où le fidéicommis n'est pas encore échu, puisqu'elle suppose un pacte entre frères qui étaient substitués réciproquement pour le temps de leur décès.

—Le mot *precaria*, ajouté à *substitutio*, n'indique-t-il pas aussi que c'est une substitution non ouverte, à l'état d'éventualité, d'espérance? Le pacte intervenu entre le fidéicommissaire et le grevé fournirait à ce dernier une *exceptio pacti conventi*. — Dans son commentaire de la loi 114, § 11, *de leg.*, 1°, qu'invalide la remise anticipée d'un grevé au profit de substitués en puissance de leur père, alors que l'intention du défunt a été de les faire jouir du fidéicommis lors de leur émancipation, Cujas se demande si les expressions de la loi 114, « *ne quidem ex eorum voluntate posse restituere*, » ne sont pas en désaccord avec le principe de la loi 16, *de pactis*, Cod. Eh quoi! dit-il, n'est-ce pas une erreur que de soutenir que la volonté des substitués ne validerait pas cette remise anticipée? Ne peut-on pas abdiquer au moyen d'un pacte l'espérance de venir au fidéicommis? — A la difficulté qu'il se pose il répond en ces termes : oui, l'on peut remettre (*remitti*) au moyen d'un pacte l'espoir d'un fidéicommis, c'est-à-dire libérer de l'obligation de le fournir l'héritier qui en est chargé. » Mais dans l'espèce de la loi 114 l'héritier n'est pas libéré, et puisqu'il n'est pas libéré, il ne se peut faire que la restitution s'accomplisse contre la volonté du défunt.

En Droit romain, la caducité de l'institution par suite du prédécès ou de l'incapacité de l'institué faisait tomber les fidéicommis et les legs. (L. 81, *de leg.*, 2°.) Cela ressort bien de la loi 59, *de adm. et per tut.*, § 3, où l'on voit une condamnation portée contre des tuteurs responsables de la perte du fidéicommis destiné à leur pupille, parce qu'ils n'ont pas forcé le grevé d'accepter la succession avant sa mort.

La rigueur de cette règle, à laquelle le Pégasien eut pour objet d'apporter un remède par l'*aditio jussu prætoris*, fléchissait en faveur des testaments des militaires, déjà si privilégiés. Mais que ne fait-on pour des hommes sur l'aveugle docilité desquels se reposent les pouvoirs qui ne se sentent pas forts par eux-mêmes ! — L'institué fût-il mort sans adition, le fidéicommis laissé dans le testament militaire conservait sa force. (L. 13, § 1, *de testam. milit.*) — Il faut en dire autant du cas où le testateur avait inséré dans ses dispositions dernières la clause dite codicillaire, clause qui portait que si le testament ne pouvait valoir comme tel, il eût à valoir comme codicille (or on sait que dans le codicille, l'institution d'héritier n'avait pas lieu. (L. 8, § 1, Cod., *de codicillis.*)

Que la caducité de l'institution fit tomber les fidéicommis, cela n'était vrai qu'au cas où il n'y avait pas de substitué vulgaire ; alors la charge du fidéicommis était censée répétée à son égard, et passait en sa personne avec le bénéfice de l'institution.

Il n'en avait pas toujours été ainsi : longtemps on avait cru que quand le testateur avait nommément chargé quelqu'un de rendre, et que cette personne n'avait pas recueilli la disposition faite en sa faveur, le fidéicommis n'était pas dû. *Quod alicujus heredis nominatim fideicommittitur, potest videri ita demum dari voluisse, si ille extitisset heres*[1]. »

[1] L. 29, *de leg.*, 2°, § 1.

On finit par se départir de cette rigueur d'interprétation, et les empereurs Sévère et Antonin décidèrent par un rescrit célèbre que les fidéicommis laissés à la charge de l'héritier institué seraient censés répétés à la charge du substitué. Règle dont l'application ne cessait qu'en présence de la volonté expresse du testateur. (L. 74, *de leg.*, 1°.)

Un vestige de l'ancien Droit apparaît dans un texte d'Ulpien (l. 61, § 1, *de leg.*, 2°), qui cite l'opinion de Julien dans l'espèce suivante. Un testateur a chargé un de ses héritiers légitimes d'un fidéicommis. Le grevé vient à répudier l'hérédité pour moitié ; sa part profite, *jure accrescendi*, à son cohéritier. L'opinion de Julien, écho de la doctrine antérieure au rescrit des empereurs, est que cette portion s'adresse au cohéritier, mais affranchie de la charge imposée par le testateur au grevé.

Mais Ulpien ajoute : « depuis le rescrit de Sévère, qui met à la charge des substitués les fidéicommis imposés à l'institué, l'héritier qui prend par droit d'accroissement la part de son cohéritier, ne la prend qu'avec sa charge, comme s'il était substitué ; charge à laquelle n'échapperait pas le fisc lui-même, ce qui est bien naturel, puisqu'il est toujours solvable. » (L. 96, § 1, *de leg.*, 1°. — Comp. l. 4 Cod., *ad S. C. Treb.*)

Lorsqu'un fidéicommis est graduel et que le testateur lui a assigné le terme de durée qu'il lui veut donner, c'est l'arrivée de ce terme qui l'éteint. Mais, dans le silence du testateur sur cette durée, le temps peut-il la borner, à sa place ? La gradualité des fidéicommis, particulièrement de ceux laissés *nomini familiæ* (l. 69, § 3, *de leg.*, 2°), ne paraît avoir reçu nulle limitation dans les Pandectes ni dans le Code. — Aussi lisons-nous dans Pothier, n° 220 : « Le Droit romain donnait une faculté indéterminée de faire autant de degrés de substitutions fidéicommissaires que bon semblait, et la substitution avait son effet dans tous ces degrés. »

Mais il existe une novelle qui pourrait faire douter de la vérité absolue de cette assertion, et qu'il importe d'analyser avec soin pour ne lui faire dire que ce qu'elle doit dire en effet, et se garder de lui attribuer une portée excessive.

Est-il nécessaire d'ajouter qu'elle est longue et qu'elle a cela de commun avec beaucoup de novelles, ses sœurs, dans lesquelles l'abondance de leur prolixe rédacteur arrive toujours à voiler l'idée, lorsqu'elle ne l'efface pas complétement ?

Un certain Iliorius avait, par son testament, distribué ses biens, consistant en maisons et en fonds suburbains, à ses quatre fils, Constantin, Anthemius, Callipius et Alexandre (dans la novelle, Alexandre est le *requérant*) ; il leur interdisait de jamais aliéner ces biens hors de sa famille, de les laisser à leurs descendants légitimes ou naturels, ou à défaut d'enfants, à leurs frères survivants. En quoi faisant, il les dispensait de la *cautio fideicommissi servandi causa.* (V. l. 69, § 3, précitée.) Voilà ce que renfermait le testament.

Vint plus tard un codicille qui, sur certains chefs,

modifia le testament, par la révocation de legs précédemment laissés. Dans le testament, Constantin avait reçu le *suburbium coparia*. C'est au fils de Constantin, Hierius junior, petit-fils du premier Hierius, que le codicille attribue la pleine propriété du *coparia*, pour l'époque de son émancipation après la mort du testateur; défense lui est faite, à lui Hierius II, comme à quiconque tiendrait le fonds de lui par testament, de l'aliéner hors de la famille. Puis, pour le cas où Hierius II viendrait à mourir impubère, ou pubère sans enfants légitimes, le testateur lui substitue, pupillairement et fidéicommissairement, son père Constantin, *sub eadem conditione ne unquam de familia et nomine abalienetur.*

Mort d'Hierius Ier. — Constantin le suit de près dans la tombe, et transmet à son fils Hierius junior tous les biens qu'il tenait du testament paternel.

Hierius vend à des étrangers un de ces biens substitués. Quant au *suburbium* que lui avait attribué le codicille, il le transmet à son fils Constant, *pronepos testatoris.* Constant meurt, laissant sa femme enceinte et dispose par testament que si son posthume ne naît pas ou meurt *ante pubertatem*, il institue pour héritière cette femme, mère de l'enfant, l'*illustre* Marie, et la mère de Constant, autre Marie « *non moins illustre.* » C'est une substitution pupillaire.

L'enfant naît, et meurt impubère; la substitution faite au profit des deux Marie se réalise. Elles revendiquent alors une maison sise à Constantinople, et le *suburbium* laissé à Ilierius II par codicille.

Alexandre, dernier survivant des quatre fils d'Ilierius, revendique les biens substitués et le fonds suburbain compris dans le codicille, se fondant sur ce qu'il était seul représentant d'Ilierius et qu'en cas de mort sans enfants des descendants de son frère, il devait recueillir un bien qui avait été substitué pour ne jamais sortir de la famille.

On répond à la prétention soulevée par Alexandre que les biens qui lui avaient été laissés, il les avait aliénés au mépris de la défense paternelle, et que, rebelle aux ordres de son père, il ne pouvait prétendre à l'exécution d'une volonté qu'il avait le premier méprisée.

On disputa, on plaida longtemps : la question ne s'en éclaircissait pas pour cela. Tribonien trancha le nœud gordien du débat, avec le glaive d'une logique que l'or savait, paraît-il, assouplir et accommoder aux intérêts des parties. C'est Cujas qui le dit, en latin, et Domat le répète, en grec, d'après Hermenopolus, dans une note (p. 517) des *Lois civiles*.

La question fut résolue contre Alexandre. Car, dit Justinien ou son préfet, ce qui est tout un, qu'avait fait le testament d'Ilierius Ier? Il n'avait défendu l'aliénation que pour le cas où les fils viendraient à mourir sans postérité. S'ils laissaient des enfants, les biens devaient leur être transmis, mais la prohibition d'aliéner ne s'étendait pas jusqu'à eux.

Quant au bien du codicille, la défense d'aliéner s'étend bien au successeur immédiat d'Hierius II, qui est Constant, et le testateur a voulu qu'il restât à toujours dans sa famille. Mais il y aurait, estime-t-il, scrupule à ne pas trancher la question, à ne pas arrêter le cours du fidéicommis au bout de quatre générations, etc....

Nous n'apprécions pas la portée des raisons données par Justinien ou son préfet. On y voit percer un esprit de condescendance pour le sexe, qui a mérité à l'époux de Theodora le surnom d'*Uxorius*, et qui s'allie mal avec l'impartialité d'un législateur. Pourquoi faut-il douter aussi de l'incorruptibilité de celui qui tenait la plume, et qui avait habitué son maître au perfide langage de l'adulation, si puissante, hélas ! sur l'esprit des souverains dont elle anéantit la volonté, rabaisse et dégrade le caractère !

Cette novelle est-elle une décision particulière au cas qu'elle vise, ou a-t-elle un caractère réglementaire, comme nous dirions aujourd'hui ? On serait bien tenté de se rattacher à ce dernier parti, lorsqu'on lit (cap. III, in fine) : *Atque hæc non tantum præsentis causæ decisio esto, sed et reliquarum in quibus hujus modi prohibitione facta, tot successiones præterierint et ultimus heredum per intervenientem aliquem impuberem hereditatem capessat. Tunc enim his etiam qui sunt extra familiam ejus qui prohibuit per præsentem nostram legem transmittere res licebit.*

Cujas ne voit dans la décision d'autre raison que celle de la vénalité de Tribonien. Les romanistes disputent encore sur ce point. *Adhuc sub judice lis esto.*

Quel avis devons-nous émettre? Nous sommes disposé
à croire que la novelle est spéciale à l'hypothèse qu'elle
a résolue. L'ancien Droit proposera, lui aussi, ses interprétations : nous verrons bientôt combien elles ont
été variées.

DROIT ANCIEN

L'empire romain est tombé : le christianisme lui-
même n'a pu sauver ce grand corps, demeuré si
longtemps debout. Rome, c'est le passé : l'avenir appartient aux barbares. Mais ce passé a laissé de pro-
fonds et ineffaçables vestiges sur le sol gaulois, dont il
semble s'être retiré. La cité gauloise, c'est le génie or-
ganisateur de Rome qui l'a fondée : la civilisation dont
les monuments couvrent notre Gaule, affranchie du
joug de Rome, c'est de Rome qu'elle lui vient : ces
barbares, objet du constant souci de la ville éternelle
depuis l'apparition des Cimbres et des Teutons, ces
barbares, qui contiennent en eux le monde moderne,
reçoivent la loi de Rome subjuguée, courbent leur
rudesse et leur fierté triomphante devant la majesté
du droit des vaincus.

Parmi les peuples barbares qui s'arrachèrent les
provinces de l'immense territoire de l'empire, ceux
qui s'établirent dans les provinces méridionales firent
un accueil empressé à la loi des Romains. Les Visigoths,

dont les rois obéissaient volontiers à l'autorité des évê-
ques catholiques, étaient grands admirateurs de la civilisation romaine. Ils réglaient les différends des Romains par une compilation du Code Théodosien, faite
sous les ordres d'Alaric. Le Droit romain subsistait
également dans la Bourgogne, et Gondebaud ordonnait
que les causes des Romains fussent jugées par les lois
romaines.

En ces temps, les lois barbares étaient personnelles ;
ce caractère de la législation des peuples conquérants
tenait à la diversité des nations, qui, isolées les unes
des autres avant leur invasion victorieuse, avaient
gardé leur réciproque indépendance après la con-
quête.

Au temps de l'édit de Pistes apparaît la distinction
de la France en France coutumière et France régie par
le droit écrit.

Dans les pays de droit écrit, où les mœurs romaines
avaient laissé une si vive et si profonde empreinte, les
fidéicommis ne durent pas tarder à s'introduire. — Je
pense que dans les régions de la France septentrionale,
où l'élément germanique prévalait, ces fidéicommis at-
tendirent pour y prendre racine la venue d'autres institutions auxquelles ils devaient se marier. Je veux
parler du droit d'aînesse et de masculinité. On ne le
connaissait pas sous la première race : au temps des
Mérovingiens, la couronne se partageait entre les
frères, par portions égales et sans privilége pour l'aîné.
— Au dixième siècle, on voit Lothaire, fils aîné de

Louis d'Outre-mer, succéder seul à son père, à l'exclusion de ses frères.

Pendant deux siècles, les Capétiens associèrent leurs fils aînés à la royauté. Ainsi le droit d'aînesse s'introduisit dans la succession à la couronne de France, qui était le grand fief, et qui était devenue héréditaire à l'image des fiefs, au jour où la royauté sortit de la maison de Charlemagne [1].

Le droit d'aînesse passa dans les grandes seigneuries. On vit les seigneurs adopter l'usage de désigner par testament leur fils aîné comme principal héritier et de leur laisser leurs plus importantes seigneuries avec la plus grande part de leurs domaines.

On trouve un grand nombre de substitutions fidéicommissaires aux onzième et douzième siècles. Les grands seigneurs, en instituant un héritier, soit par testament, soit par contrat de mariage, lui imposaient la charge de conserver les biens donnés à ses descendants, et, à défaut de descendants, à tel autre héritier ou à sa postérité. Le testament de René II, duc de Lorraine, substitue la ligne de l'aîné à celle du puîné, et *vice versa*, pour le cas de décès de l'un des fils sans enfants mâles.

---

[1] Montesquieu, *Esprit des Lois*, liv. XXXI, ch. xxxiii : Quand les fiefs furent héréditaires, le droit d'aînesse s'établit dans la succession des fiefs, et par la même raison dans celle de la couronne, qui était le grand fief. La loi ancienne, qui formait des partages, ne subsista plus ; les fiefs étant chargés d'un service, il fallait que le possesseur fût en état de le remplir. On établit un droit de primogéniture, et la raison de la loi féodale força celle de la loi politique ou civile.

On rencontre souvent les substitutions dans les contrats de mariage, où elles se combinent avec l'institution contractuelle et le droit de retour. Le mariage de Blanche de Bretagne avec Jean d'Armagnac, en 1400, renferme une série de substitutions destinées à maintenir dans la famille à naître du mariage les biens composant les apports des époux. Ces biens doivent passer à l'aîné des mâles et à sa postérité masculine ; à défaut de postérité dans la branche aînée, au puîné mâle et à sa descendance mâle ; à défaut de la descendance mâle, au troisième enfant mâle, sous les mêmes conditions, et ainsi de suite.

Aînesse, masculinité, deux créations féodales contemporaines, dont l'une est le corollaire de l'autre. C'est toujours le fils qui est mentionné dans les premières lois relatives à la succession des fiefs ; les filles sont les victimes de la législation féodale. Les Établissements de saint Louis décident que la fille mariée par son père ne peut rien réclamer de sa succession ; dans l'Anjou, le Maine, la Touraine, la fille du chevalier, mariée par son père, n'eût-elle été *dotée que d'un chapel de roses*, était aussi exclue de la succession et ne pouvait venir qu'à défaut d'hoirs mâles. La coutume des Lombards portait : *Si pater filiam suam ad maritum dederit, in hoc contenta sit, quantum pater ei in die traditionis nuptiarum dederit, amplius non requeratur.*

Partout le privilége de la force ! Admirablement liées à tout ce système de la loi féodale, les substitutions, dans la main du chef de famille, vont être l'in-

strument à l'aide duquel il transmettra à une race d'é-
lection le dépôt de sa puissance matérielle.

Quelque répandues que fussent les substitutions fidéicommissaires à travers notre ancienne France, certaines coutumes néanmoins les avaient rejetées de leur
sein.

La coutume de Bourbonnais défendait de substituer
par testament. Celle de la Marche contenait même
prohibition. Ainsi de celle d'Auvergne. La coutume de
Montargis allait plus loin. « On ne peut instituer héritier ou substituer par testament ni autrement. » Dans
la coutume de Nivernais se lisent des expressions à peu
près analogues, mais l'usage y faisait valoir comme
legs les institutions d'héritier, et aussi les substitutions
qu'elle proscrivait.

En Bretagne, dit Denisart, les substitutions non re-
vêtues de lettres patentes enregistrées en parlement
sont nulles pour les héritages de cette province, lors
même que les successions dont ces héritages dépendent sont ouvertes dans le ressort des coutumes qui
permettent la substitution, et dans lesquelles il y a des
biens susceptibles de substitution. Et Denisart ajoute :
Cette nullité a pour fondement deux principes certains
en Bretagne, savoir : la prohibition d'avantager, dans les
immeubles de Bretagne, *un des héritiers au préjudice
de l'autre;* et l'incapacité d'établir par convention dans
les familles un *ordre de succéder différent de celui qui
est établi par la coutume.* (Comp. avec ces paroles celles
du préambule de l'ordonnance de 1747.)

Sur la coutume de Normandie, Basnage (art. 422) s'exprime ainsi : « Bien que les substitutions d'héritier soient inconnues en Normandie, il est permis néanmoins de substituer, en matière de donations testamentaires ou entre-vifs; et chacun a la liberté d'apporter telles conditions qu'il lui plaît aux choses dont la coutume lui accorde la disposition, pourvu qu'elles ne soient pas contre les bonnes mœurs. »

Nous avons vu qu'à Rome la liberté de substituer *in infinitum* n'avait pas reçu de limites, car la plus grande incertitude plane sur la portée que l'on doit attribuer à la novelle cxix, où les questions de fait s'entre-croisent avec une si affligeante complication.

Longtemps, en France, on débattit le point de savoir si l'on mettrait quelques bornes à la perpétuité des fidéicommis graduels. Dumoulin tenait bon pour l'absence de toute limite, citait des arrêts en faveur de son opinion, l'un rendu au Grand Conseil, l'autre au parlement de Grenoble. Dumoulin était de ceux qui circonscrivaient la novelle cxix dans l'espèce qu'elle propose, et laissaient au testateur, en dehors de ce cas spécial, une liberté indéfinie de substituer.

D'autres docteurs, qui ne voyaient, à l'exemple de Dumoulin, dans la novelle cxix qu'une décision d'espèce, étaient d'avis que les substitutions qui ne s'y trouvaient pas comprises devaient être limitées à cent ans. Ceux-là se fondaient sur une loi du titre *de usu et usufr. legato*, qui borne à cent ans la durée d'un usufruit légué à un municipe, à une corporation (*qui finis vitæ longissimus esset*). Argument d'analogie ingénieux, j'en conviens, car la substitution ressemble bien, au fond, à une servitude (réelle et personnelle) qui grève le sol et enchaîne les personnes. — Mais s'il est de l'essence de l'usufruit d'être temporaire et de se mesurer sur la durée de l'existence humaine, on ne peut dire que la perpétuité répugne à la nature du fidéicommis, œuvre de la volonté du disposant, qui se prête toujours à l'interprétation la plus large.

D'autres enfin ont soutenu que les fidéicommis graduels laissés à la famille devaient être arrêtés au dixième degré, d'autant que c'était la borne imposée par la loi aux successions *ab intestat*, c'est-à-dire le degré le plus éloigné de parenté et de famille qui ait été reconnu par la loi civile.

C'étaient là des opinions isolées de docteurs qui essayaient de combattre, par le Droit romain lui-même, la doctrine de cette législation sur la perpétuité des fidéicommis. Efforts ingénieux et dignes d'éloges, qui devaient trouver leur couronnement dans une sanction législative, précise, formelle. L'Ordonnance de Charles IX, faite aux États d'Orléans en 1560, vint donner satisfaction aux désirs des jurisconsultes progressistes qu'avaient frappés les inconvénients de la perpétuité. Car ce qui était perpétuel, c'était non-seulement les fidéicommis, mais encore, mais surtout les procès que l'obscurité des temps et la multiplicité des questions tendaient à éterniser.

Voici ce que porte l'ordonnance d'Orléans : « Et pour

couper la racine à plusieurs procès qui se meuvent en matière de substitutions, défendons à tous juges d'avoir égard aux substitutions qui se feront à l'avenir par testament et ordonnance de dernière volonté ou entre-vifs, et par contrat de mariage ou autres quelconques, outre et plus avant *deux degrés de substitution*, après l'institution et première disposition, icelle non comprise. »

Par exemple : j'ai fait Pierre mon légataire universel ; je lui ai substitué Paul, après son décès ; j'ai substitué à Paul, Jacques, et à ce dernier Jean.

Lorsque Paul, après le décès de Pierre, mon légataire universel, aura recueilli la substitution et rempli le premier degré, et que Jacques, après le décès de Paul, aura recueilli la substitution (rempli le deuxième degré), la substitution sera éteinte pour les autres degrés. Jacques, second substitué, possédera librement les biens à lui laissés, et sans charge de restitution envers Jean, car la substitution se trouve éteinte par l'accomplissement des deux degrés.

L'ordonnance d'Orléans ne réglait que l'avenir ; elle laissait au passé la plénitude de son empire, elle respectait les droits acquis, en ne s'opposant en aucune sorte à l'exécution entière et indéfinie des substitutions qui lui étaient antérieures.

Apparaît en 1566 l'ordonnance de Moulins, qui vient s'occuper du passé, et « voulant ôter plusieurs difficultés mues sur les substitutions auparavant faites à celle d'Orléans (desquelles toutefois le droit n'est encore échu ni acquis à aucune personne vivante), déclare et ordonne que toutes substitutions faites avant l'ordonnance d'Orléans, en quelque disposition que ce soit, seront restreintes au quatrième degré outre l'institution (excepté toutefois les substitutions desquelles le droit est échu et déjà acquis aux personnes vivantes, auxquelles n'entendons préjudicier). »

L'ordonnance de Moulins venait-elle déroger à celle d'Orléans pour les substitutions postérieures à celle-ci? A lire le texte attentivement, on se demande comment une telle pensée peut tomber dans l'esprit. Et cependant des arrêts du parlement de Paris, pour éluder l'exécution des ordonnances, surent trouver dans leurs dispositions une obscurité qui n'y est pas à coup sûr, et ils jugèrent que les substitutions devaient s'étendre jusqu'au quatrième degré. Chose singulière, les arrêts qui renfermaient de telles décisions émanaient de magistrats, contemporains des ordonnances, témoins de leur naissance, et qui, pour la plupart, avaient assisté aux états où elles avaient été projetées. — Un arrêt de 1615, rapporté par Henrys, fixa heureusement une jurisprudence, trop longtemps flottante, en ce sens que les substitutions postérieures à l'ordonnance d'Orléans devaient être restreintes à deux degrés, non compris l'institution. — Toulouse, et peut-être aussi Bordeaux, résistèrent seuls à cette sage interprétation de textes qu'on s'était plu à mal comprendre au début, dans l'intérêt de vanités froissées par les restrictions inattendues de leur audacieux développement. L'ordonnance de 1747 confirma (art. 50) la doctrine de l'arrêt de 1645, sans produire d'effet rétroactif dans les provinces où les substitutions avaient été étendues par l'usage jusqu'à quatre degrés. Et cependant la loi nouvelle n'était que confirmative de l'ordonnance d'Orléans.

Dans l'ordonnance de Moulins[1], outre ce que nous avons emprunté de relatif aux substitutions antérieures à 1560 (même art. 57), nous rencontrons des règles sur la publicité des substitutions. Le Droit romain avait laissé dans l'ombre ce point si important. Je sais bien que le testament romain s'ouvrait publiquement, par-devant le magistrat. Les anciens auteurs (entre autres Ricard, n° 115) paraissent regarder cette ouverture des *tabulæ testamenti* comme une mesure de publicité suffisante à prévenir les surprises. — Cela me paraît erroné, et c'est trop aisément, à mon gré, prendre son parti de cette lacune dans une législation, sur tant de points si parfaite, à laquelle on était en droit de beaucoup demander. Je dis que le remède qui satisfait l'esprit de Ricard était insuffisant, puisque cette ouverture des tablettes, cette représentation au grand jour n'avaient trait qu'aux dispositions de dernière volonté, et non

[1] Voltaire, *Hist. des parlements.* On vit les plus sages lois naître des plus grands troubles. L'édit de Moulins ordonne la frugalité et la modestie dans les vêtements, que la pauvreté publique ordonnait assez, et que le luxe des grands n'observait guère. Les *anciennes* substitutions faites à l'infini furent limitées au quatrième degré. Ch. xxvii.

aux donations entre-vifs, qui, elles aussi, pouvaient contenir des fidéicommis.

Il importait donc, pour que la bonne foi des tiers ne fût pas déçue, pour qu'à leur égard la prohibition d'aliéner pût avoir son effet, que l'acte qui chargeait le grevé de restituer fût rendu public. Un édit de 1555, dû à Henri II, édit bursal et créé pour donner de l'emploi aux greffiers des insinuations, avait bien organisé une certaine publicité. Mais l'édit ne donnait pas de sanction sérieuse aux dispositions qu'il contenait : on ne le mit jamais en vigueur. Il était réservé au chancelier l'Hospital de porter sur cette matière une loi sévère, féconde en résultats, susceptible d'exécution : «Ordonnons que dorésnavant toutes dispositions entre-vifs ou de dernière volonté, contenant substitutions, seront publiées en jugement à jour de plaidoyrie, et enregistrées ès greffes royaux plus prochains des lieux des demeurances de ceux qui auront fait lesdites substitutions, et ce dedans six mois à compter, quant aux substitutions testamentaires, du jour du décès de ceux qui les auront faites, et pour le regard des autres, du jour qu'elles auront été passées, autrement seront *nulles et n'auront aucun effet.* »

Une déclaration de 1690, émanée de Louis XIV, eut pour objet de résoudre des difficultés que l'ordonnance de Moulins avait fait naître : car, en s'attachant judaïquement à la lettre de l'ordonnance, d'aucuns avaient soutenu qu'elle prononçait nullité indistinctement contre les substitutions non publiées et enregistrées dans

les six mois, et que, partant, toutes personnes intéressées aux biens substitués pouvaient prendre avantage
de la non-publicité de la substitution. Parmi ces personnes on n'hésitait pas à comprendre les créanciers,
ou les tiers acquéreurs de l'héritier institué, et, ce qui
est bien étrange, l'héritier institué lui-même. C'était
à coup sûr mal comprendre l'esprit de l'ordonnance,
que d'admettre l'héritier à se prévaloir d'une absence
de publicité qu'il avait à s'imputer : c'était, dit Ricard
(n° 120, chap. xiii), ruiner absolument l'effet des substitutions, les fidéicommis étant faits le plus souvent
au profit de personnes qui ne peuvent pas agir, et
même quelquefois ne sont pas encore au monde; l'héritier de sa part n'ayant garde de travailler à une chose
qui lui est préjudiciable, et à établir une substitution,
cessant laquelle les biens qu'il serait chargé de restituer en vertu de la substitution lui appartiennent en
propriété et incommutablement, si elle ne subsiste
pas.

Une déclaration de 1712 porta : « Ne pourra le défaut de publication et d'enregistrement être opposé en
aucun cas aux substitués par les héritiers institués ou
ab intestat, donataires ou légataires universels ou particuliers, ni par leurs successeurs à l'égard desquels
les substitutions auront leur effet, comme si elles
avaient été publiées et enregistrées. »

Mais ces mesures de publicité, leurs effets, les conséquences de leur omission, tout cela ne fut définitivement réglé que par la célèbre ordonnance de 1717,

qui mit la dernière main à l'heureuse innovation de
l'édit de 1566. Cette ordonnance forme comme un code
précieux dans cette difficile matière; sa rédaction claire,
nette, est merveilleusement propre à lever les doutes,
à faire justice des interprétations subtiles : on y reconnaît la main habile et sûre d'un homme façonné dès
l'enfance à l'étude des lois, législateur précieux pour
son époque, et qui eût figuré avec gloire dans le groupe
des éminents rédacteurs de notre Code civil.

Animé de l'esprit de réforme, le chancelier d'Aguesseau sent le besoin de l'unité des lois; c'est celui qu'é-
prouvent et proclament les grandes intelligences de
son siècle. Mais, à côté de cette attraction irrésistible
vers le progrès d'une législation uniforme et codifiée,
vit et demeure en lui l'esprit conservateur du passé, et
je ne sais quelle respectueuse timidité en face des institutions féodales. Le temps ne lui paraît pas encore
venu de faire « une loi générale et comme un corps
entier de législation qui embrasse toutes les matières
de jurisprudence. » « Plût à Dieu, écrit-il quelque part,
qu'il fût aussi aisé d'exécuter un tel ouvrage qu'il l'est
de le concevoir et encore plus de le désirer! »

Aussi voyons-nous d'Aguesseau, fidèle à ces pensées,
ne pas toucher aux coutumes sur presque tous les points
du droit féodal et coutumier. Il prend dans le Droit
civil certaines matières qu'il coordonne et généralise
(testaments, donations); là se borne sa tâche.

La société n'est pas renouvelée; 89 n'a pas encore
sonné, l'ère nouvelle n'a pas encore brillé pour la

France, ni rayonné de la France sur l'Europe. Il semble que l'instant des réformes décisives ne soit pas encore venu. Aussi, placé en face de cette grande matière des substitutions qui sollicite, par son puissant attrait, l'intelligence du chancelier, quel parti va-t-il prendre, que devons-nous attendre de sa sagesse?

Abolir les fidéicommis, devancer par là l'œuvre des législateurs de 1792, ce serait le vœu le plus ardent de d'Aguesseau. Écoutons-le plutôt : « L'abrogation entière de tous fidéicommis serait peut-être la meilleure de toutes les lois, et il pourrait y avoir des voies plus simples pour conserver *dans les grandes* maisons ce qui suffirait à en soutenir l'éclat ; mais j'ai peur que pour y parvenir, *surtout dans les pays de droit écrit*, il ne fallût commencer par *réformer les têtes* et ce serait l'entreprise d'une tête qui aurait elle-même besoin de réforme. C'est en vérité un grand malheur qu'il faille que *la vanité des hommes domine sur les lois mêmes* ; mais je n'ai pas le temps de me livrer à toutes ces réflexions, sauf à y revenir dans la suite pour se rapprocher, au moins autant qu'il sera possible, *de la droite raison*[1]. »

Ces paroles si philosophiques sont de l'année 1730; dix-sept ans nous séparent encore de l'apparition de l'ordonnance. D'Aguesseau fait partout d'ardentes et de consciencieuses enquêtes, adresse des questions aux commissaires des parlements du Midi (Aix, Pau...); médite les réponses qui lui sont envoyées, les approuve, en

____

[1] Lettre au premier président du parlement d'Aix. 24 juin 1730.

profite ou les réfute et les rejette; il a construit enfin
l'ordonnance, et dans le ravissement où le jette la con-
templation de sa belle œuvre, il crie, comme le poëte,
son *exegi monumentum....* car « c'est le fruit d'un grand
travail et d'une longue méditation ! »

Le 27 mai 1748 il écrit au président d'Aix, confident
aimé de ses recherches, pour lui annoncer quel a été
l'objet de son labeur, et quelles espérances il en conçoit.
Le jurisconsulte a bien le droit de dire, lui aussi, son
εὕρηκα lorsqu'il arrive à la solution d'un de ces grands
problèmes qui font le tourment de l'interprète cher-
cheur, et la sévère richesse de la science à laquelle il a
voué sa vie. « J'ai remarqué surtout que malgré toutes
les lois qui ont établi ou renouvelé l'obligation de faire
publier les substitutions fidéicommissaires; il arrivait
très-souvent qu'on négligeait de satisfaire à cette obligation, et c'est ce qui m'a donné lieu de penser qu'il était
absolument nécessaire de *remanier entièrement* une matière si intéressante pour la sûreté du commerce et pour
le repos es familles, en ajoutant aux lois précédentes
des précautions nouvelles et véritablement suffisantes
pour en assurer l'exécution. »

C'est donc un remaniement de lois insuffisantes que
le législateur de 1747 se propose. Quoique partisan de
l'abrogation des fidéicommis, d'Aguesseau déclare dans
le préambule de l'ordonnance qu'il n'entend pas entraver le droit de substituer : « Loin de vouloir donner la
moindre atteinte à la liberté de faire des substitutions,
nous ne nous sommes proposé que de la rendre plus

utile aux familles, et notre application à prévenir toutes les interprétations arbitraires par des règles fixes et uniformes, ne servira qu'à faire respecter encore plus la volonté des donateurs et testateurs, en les obligeant seulement à l'expliquer d'une manière plus expresse. »

Par ces dernières expressions le législateur entend bannir les substitutions fondées sur de simples conjectures. Ce n'est pas une des moindres innovations de l'ordonnance de 1747 (comp. tit. 1, art. 10). Elle décide que les enfants qui ne seront pas appelés expressément à la substitution, mais qui seront seulement mis dans la condition, sans être chargés de restituer, ne seront en aucun cas regardés comme étant dans la disposition : encore qu'ils soient dans la condition en qualité de mâles, que les grevés soient obligés de porter le nom et les armes de l'auteur de la substitution, qu'il y ait prohibition de distraire la quarte Trébellianique, vu qu'il se trouve d'autres circonstances tirées de la noblesse et la coutume de la famille, ou autres présomptions à toutes lesquelles nous défendons d'avoir aucun égard, à peine de nullité.

Exemple : j'institue Pierre, et, s'il meurt sans enfants, je substitue Jacques. Les enfants ne sont mis que dans la condition. Ils ne sont point dans la disposition, ou pour mieux dire, dans la vocation. Le testateur ne les substitue pas. Il n'appelle et ne substitue que Jacques. Il ne fait que prévoir le cas où l'institué mourra sans enfants.

Avant l'ordonnance, on eût jugé le contraire, s'il y

avait eu dans l'espèce de certaines présomptions, auxquelles le législateur de 1747 déclare ôter toute portée[1].

Depuis l'article de l'ordonnance, une disposition dans les termes ci-dessus énoncés forme une substitution conditionnelle et éventuelle, et rien de plus. Pierre laisse-t-il des enfants à son décès, la condition à l'événement de laquelle la substitution était attachée (le décès sans enfants) a manqué, les biens ont toujours été libres sur la tête de Pierre; les aliénations qu'il peut en avoir faites subsisteront. Jacques est sans droit pour les révoquer; les enfants dont l'existence a étouffé ce germe même de la substitution sont également sans droit, parce qu'il n'y avait point de disposition en leur faveur de la part de l'auteur de la substitution.

La question que l'ordonnance a tranchée par la négative était née d'une interprétation erronée de la loi 85, *de hered. inst.* (V. Ricard, ch. VIII, sect. 1, n° 454.)

L'ordonnance a eu aussi en vue de trancher des difficultés qui s'étaient élevées sur le calcul des degrés.

Nous avons déjà dit que, confirmant l'ordonnance d'Orléans, elle limitait toutes substitutions à deux degrés de substitués, outre le donataire, l'héritier institué, ou légataire, sans déroger à l'art. 57 de l'ordonnance de Moulins, pour les substitutions antérieures à celle d'Orléans.

[1] V. Pothier, *Traité des Subst.*, sect. II.

Sous l'empire de l'ordonnance de 1747, Thévenot nous apprend que l'on peut encore faire des substitutions perpétuelles, en obtenant à cet effet des lettres patentes du roi, et en les faisant enregistrer dans les cours ; par ex. : pour former une duché-pairie, ou pour tels autres cas dignes d'une faveur spéciale.

Et, du reste, il y avait en France quelques pays où l'usage des substitutions perpétuelles s'était conservé (même sans lettres du prince). Telles étaient la Franche-Comté, la province d'Alsace ; réunies à la couronne de France bien postérieurement aux ordonnances d'Orléans et de Moulins, elles avaient échappé aux dispositions de ces ordonnances restrictives du nombre des degrés. — La loi nouvelle leur laisse jusqu'à nouvel ordre le droit de conserver leur usage de substitutions à perpétuité. (Art. 52.)

Comment les degrés seront-ils comptés? L'art. 53 répond à cette question : Ils seront comptés par têtes et non par générations ; de telle manière que chaque personne soit comptée pour un degré.

C'est ainsi que l'avaient toujours pratiqué le parlement de Paris et beaucoup d'autres; mais, au parlement de Toulouse, on entendait par degré, génération.

Par exemple : le testateur ayant dit : J'institue un tel et, après lui, ses descendants à toujours, la substitution s'étendait, dans la descendance de l'institué, à quatre générations.

Les descendants en premier degré (les enfants de l'institué) formaient tous ensemble le premier degré de la substitution, comme formant la première génération ; de façon que, jusqu'à l'épuisement successif de tous les individus de cette première génération, la substitution était encore au premier degré, et aussi dans le second degré de la descendance, dans le troisième et dans le quatrième. D'où il suivait que les substitutions n'avaient, pour ainsi dire, point de fin, quoique restreintes par la jurisprudence de ce parlement à quatre degrés.

D'après l'ordonnance les degrés sont comptés par tête, chaque personne est comptée pour un degré. (Comp. art. 56 et 57.)

Le législateur de 1747 paraît avoir attaché une importance toute spéciale aux mesures de publicité qu'il organise.

Nous avons vu qu'il s'en félicite dans sa lettre au président d'Aix, comme de la partie favorite de son œuvre, et de celle dont il ose espérer les plus heureux résultats [1].

Il y revient avec insistance dans une autre lettre du 50 août 1748.

Publication en jugement, enregistrement ou transcription de l'acte entier dans un registre public tenu à cet effet ; voici des formalités intrinsèques déjà édictées par les anciennes ordonnances. Sur la question du lieu où ces formalités s'accompliront à l'avenir, l'article 18 du tit. II de l'ordonnance de 1747 porte que la

----

[1] *Vide supra*, lettre du 21 mai 1748. J'ai remarqué *surtout*..

publication et l'enregistrement se feront dans les bail-
liages et sénéchaussées royales, tant du lieu de la demeure du substituant, que du lieu où les choses sont
situées, dans les six mois à compter du jour du décès,
lorsque la substitution est testamentaire; si elle résulte
d'une donation entre-vifs, les six mois courent du jour
de la date de l'acte.

Mais à quelle *nouveauté* d'Aguesseau tient-il par-des-
sus tout? Sur quelle mesure, heureusement inspirée,
appelle-t-il l'attention des cours, des parlements? Sur
l'art. 35, qui doit assurer pleinement, à l'avenir, l'exacte
observation des lois qui ont ordonné l'enregistrement
et la publication des substitutions fidéicommissaires.

Dorénavant (voici l'œuvre vraiment originale du législateur) le grevé ne pourra entrer en possession des
biens substitués qu'après avoir rapporté l'acte d'enregistrement et de publication de la substitution. « Je ne
sais, dit le chancelier dans cette lettre du 30 août 1748,
quoique les motifs d'une disposition si importante de
la loi nouvelle sur ce sujet soient assez clairement indiqués par les premiers termes de l'art. 35, je ne sais
cependant s'ils ont été suffisamment aperçus par
MM. les commissaires du parlement de Grenoble; ils
auraient reconnu, sans doute, *s'ils y avaient fait plus
de réflexion*, que le seul moyen d'assujettir ceux qui
sont chargés de substitution, à la rendre publique par
la voie que les ordonnances ont établie, était de les
forcer en quelque sorte *par leur intérêt personnel*, c'est-
à-dire par le désir d'être mis promptement en posses-

sion des biens substitués. (Quelle connaissance approfondie et complète du cœur humain !)

On le voit par l'art. 35, la nécessité d'obtenir une ordonnance d'envoi en possession et de représenter, pour l'obtenir, l'acte de publication et d'enregistrement, était la voie la plus sûre pour forcer le grevé à se mettre en règle.

Le même art. 35 exige la représentation d'un extrait en bonne forme de la clôture de l'inventaire, fait après le décès de l'auteur de la substitution.

Par quelles personnes peut être opposé le défaut de publication ou d'enregistrement ? Ces mesures ayant pour but de garantir contre de fâcheuses surprises ceux qui pourraient contracter avec le grevé, les tiers acquéreurs à titre onéreux des biens substitués, les créanciers hypothécaires pourront opposer le défaut de publication à la demande en revendication formée par le substitué, ou à la prétention par lui élevée que l'ouverture de la substitution aurait éteint toute hypothèque consentie par le grevé.

Les donataires, héritiers même légitimes du substituant, ni pareillement les donataires, héritiers institués ou légataires de ces derniers, ne pourront opposer aux substitués le défaut de publication. Pothier dit, à ce sujet, que l'acquisition qu'ils ont faite des biens substitués ne peut jamais leur préjudicier, puisqu'ils n'ont rien déboursé pour les acquérir[1]. Et, quant aux gre-

----

[1] Ce point avait été déjà établi par la déclaration de 1690.

vés ou aux successeurs à titre gratuit de l'auteur de la substitution, l'obligation de remplir les formalités de publicité leur étant imposée par la loi, comment les admettrait-on à se faire un titre contre les appelés, soit de leur négligence, soit de leur mauvaise foi ?

Voilà tout ce que nous avons à dire de l'ordonnance de 1747; entrer dans le commentaire de son texte nous a paru inutile : nous nous sommes rappelé qu'un chapitre de notre Code civil nous attend, qui va reproduire sur une foule de points la lettre même de l'ordonnance : mieux vaut réserver nos explications pour ce qui appartient à notre législation actuelle. Avant d'abandonner l'ordonnance de 1747, si parfaite par tant de côtés, nous lui adresserons le reproche d'avoir gardé le silence le plus complet sur une question des plus controversées de l'ancien Droit : celle de savoir si les biens substitués peuvent être prescrits contre les appelés, avant l'ouverture de leur droit.

Ce silence doit d'autant plus justement lui être reproché, que le préambule nous annonçait la solution législative des difficultés principales, nées du sujet, et la question que j'indique avait partagé les jurisconsultes les plus éminents. Sous l'empire du Code, la controverse dure encore malgré l'introduction, dans la loi moderne, de principes qui devraient y mettre un terme.

DROIT MODERNE

LÉGISLATION INTERMÉDIAIRE. — CODE NAPOLÉON

La révolution de 89, qui donna la liberté aux personnes, eut aussi à cœur d'affranchir le sol. Les substitutions, qu'un principe exagéré d'aristocratie foncière avait naturalisées et enracinées dans l'ancienne France, étaient une rude servitude qui enchaînait la terre. Notre vieille société féodale s'en était emparée comme d'un élément de force, qu'elle avait adapté à son système politique et marié à ses institutions.

Liées aux destinées d'un régime que la masse de la nation regardait comme un ennemi dont il fallait à tout prix se défaire, les substitutions devaient crouler et croulèrent en effet avec lui.

La loi des 25 octobre-14 novembre 1792 abolit les substitutions, et l'art. 2 de cette même loi frappa d'extinction celles qui avaient été faites avant la publication du décret, et n'étaient pas encore ouvertes lors de cette publication. On estima qu'une disposition, qui consolidait la propriété entre les mains des grevés, en les préférant aux héritiers naturels, satisfaisait à des principes d'ordre social bien supérieurs à l'intérêt de quelques particuliers. A ceux qui plaidaient contre les grevés devenus propriétaires incommutables, la cause des héritiers naturels dépouillés, un décret du 9 fructidor an II répondait en ces termes : « Un double inconvénient existerait dans l'interversion proposée : le premier, d'ôter aux grevés une propriété qui a été consolidée à *l'usufruit* par une loi solennelle et dont ils ont pu disposer sous la foi même de cette loi; le second, de rappeler indéfiniment à l'exercice de droits perdus depuis longtemps pour les héritiers naturels. »

L'art. 5 du décret des 25 octobre-14 novembre 1792 portait que les substitutions ouvertes lors de sa publication n'aurait d'effet qu'en faveur de ceux seulement qui auraient alors recueilli les biens substitués ou le droit de les réclamer.

La loi de 1792 était principalement dirigée contre les substitutions fidéicommissaires. L'art. 61 de la loi du 17 nivôse an II abolissait les substitutions pupillaires, dans les provinces françaises où l'usage s'en était maintenu : la substitution vulgaire survivait à leur ruine, car elle n'avait rien d'incompatible avec la liberté légitime de disposer.

Comment notre législateur moderne devait-il accueillir une institution que le flot vengeur de 89 avait déraciné du sol de la France, avec les abus, les privilèges, les inégalités, qui faisaient le fond de l'ancienne société ? Le Code de 1804 confirme l'abolition déjà prononcée par la loi de 1792. Bigot de Préameneu indique, dans son exposé des motifs, les raisons qui portent le législateur à faire table rase des substitutions. Il s'attache, dans un vif et brillant discours, à nous en montrer l'origine dans l'esprit de fraude[1], le progressif développement dans les calculs de l'ambition. Il signale cette institution, réfugiée sous le toit des grands, comme une source toujours renaissante de discorde et de procès : l'orateur nous montre les souffrances de l'agriculture, la terre fatiguée par des possesseurs temporaires avides de jouir, et qui la stérilisaient, car la terre a besoin de l'amour de son propriétaire pour être féconde, une grande masse de propriétés frappées d'une inaliénabilité de fait, les créanciers trompés[2] par les apparences de la fortune, victimes de leur confiance, l'inégalité au sein de la famille dont une partie est sacrifiée dans l'intérêt d'un seul, le plus souvent l'aîné.

Tels étaient les tristes effets des substitutions; l'esprit démocratique qui animait de son souffle vivifiant l'œuvre des rédacteurs du Code devait en interdire l'accès à une institution qui blessait l'égalité et que son passé condamnait.

[1] V. Gaïus, § 285, Com. 2.

[2] Bigot de Préameneu : « Le créancier qui n'était pas à portée de vérifier les titres de propriété de son débiteur, ou qui négligeait de faire cette perquisition était victime de sa confiance; et dans les familles auxquelles les substitutions conservaient les plus grandes masses de fortune, chaque génération était le plus souvent marquée par une honteuse *faillite*. » (Fenet, tom. XII, p. 517.)

L'art. 896 nous dit : « Les substitutions sont prohibées. » De quelles substitutions va-t-il s'agir? Un instant l'on eut la sage pensée de définir ce qui était prohibé. Cambacérès s'y opposa, en disant : « On n'a pas besoin de définir ce qui est prohibé. » Ingénieux expédient, à la vérité, qui allége la tâche du législateur pour accroître celle de l'interprète. Il y a plus d'esprit que de raison dans cette saillie de jurisconsulte. Les crimes sont bien prohibés, ce me semble, et pourtant le Code pénal prend soin de les définir.

Est-ce la substitution vulgaire, respectée par le droit intermédiaire, que le législateur de 1804 repousse? Non certes, l'art. 898, qui en indique les éléments, nous dit de cette sorte de disposition qu'elle n'est pas une substitution (du moins celle que le Code entend prohiber). Est-ce alors la substitution pupillaire, abrogée par la loi du 17 nivôse an II (art. 61)? Pas davantage, la sévérité du législateur (dans cet art. 896) ne se porte ni sur la première ni sur la seconde : la première, il l'autorise, sans oser l'appeler par son nom; la seconde, il l'a rayée dans son art. 895, en disant qu'on ne peut disposer par testament que de ses biens; il la rejette ainsi que la substitution exemplaire, comme les rejetaient les pays coutumiers. (Comp. Pothier, n° 1, *des Subst.*)

C'est à la substitution fidéicommissaire que le Code s'attaque, car c'est elle seule qui a laissé dans une société, dont les débris sont encore vivants, des vestiges et des souvenirs qu'il faut à jamais bannir!

Est-il besoin d'en fournir la preuve? quoi de plus

simple, à l'aide des textes et des travaux préparatoires.
— Et je comprends jusqu'à un certain point que le législateur n'ait pas minutieusement défini la substitution, non pas, parce qu'il voulait la prohiber (la raison
n'est pas sérieuse), mais parce qu'en prononçant ce
mot substitution, il savait que nul ne se méprendrait sur
le sens du mot ni sur la nature de l'institution qu'il rejetait de son œuvre. C'est que ce mot substitution était,
au dire de Thévenot, le mot *trivial* usité pour exprimer
la substitution fidéicommissaire, et Domat (tit. III, liv. V,
préamb.) : « Dans notre usage, dit-il, quand on parle
simplement des substitutions, on l'entend de celles qui
font passer les biens d'un successeur à un autre, car
l'usage en est bien plus fréquent et plus commun que celui des substitutions vulgaires et des pupillaires. »

Les art. 897, 1048-1051, viennent compléter la dé-
monstration. Ces textes contiennent des dérogations à
la règle prohibitive de l'art. 896. Il y est question de
substitutions permises, dans lesquelles on voit la charge
de rendre prolongée jusqu'à la mort du grevé (comp.
art. 1051, si le grevé meurt). Or, tel était bien le caractère essentiel des anciennes substitutions fidéicommissaires, de celles qui créaient à côté de l'ordre successoral sorti de la main du législateur un ordre successif
émané de la volonté ambitieuse de l'homme jaloux de
gouverner, par delà la tombe, le sort de l'hérédité
d'autrui. — Thévenot ne laisse aucun doute à cet égard
(n° 285). « Nos substitutions ne se font *communément*
que pour avoir lieu après la mort du grevé, ce qui les

rend conditionnelles. » Et Pothier (n° 186, sect. vi) :
« *Presque* toutes nos substitutions sont faites sous cette
condition de la mort du grevé ; et quoiqu'elle ne soit
pas exprimée, elle y est facilement présumée sur les
moindres circonstances[1]. »

Il est donc entendu que le législateur a voulu proscrire les substitutions fidéicommissaires. Il nous faut en
rechercher les éléments, en surprendre le vrai caractère, et le fâcheux laconisme de la loi nous fait appeler à notre aide les anciens jurisconsultes qui
avaient creusé à fond ces matières abstraites, difficiles,
avec ce soin consciencieux dont ils nous ont légué
l'exemple.

De même que dans l'ancien Droit, les espèces les plus
variées pullulent dans notre jurisprudence des substitutions : cette infinie diversité ne contribue pas à jeter
du jour sur les obscurités du sujet. L'esprit se perd dans
cet océan d'arrêts, de jugements qui ont vu parfois des
substitutions là où il n'y en avait pas, et en revanche
n'en ont pas toujours vu là où il y en avait.

Comme il importe d'éviter ce qui est prohibé, il devient intéressant, quoi qu'en ait dit Cambacérès, de se
demander ce qui doit être évité.

Thévenot définit la substitution fidéicommissaire,
une disposition de l'homme par laquelle, en gratifiant
quelqu'un expressément ou tacitement, on le charge
de rendre la chose à lui donnée à un tiers que l'on gra-

---

[1] V. M. Bugnet sur Pothier, not. 2, p. 518.

tifie en second ordre. (L'idée de décès du grevé aurait dû se trouver dans cette définition. L'auteur l'a peut-être omise à dessein, parce que l'ancien Droit admettait d'autres conditions que celle de la mort du grevé dans les substitutions, alors accueillies avec tant de faveur.)

Nous devons rencontrer dans la substitution fidéicommissaire les éléments suivants :

1° *Une double dévolution*, ou deux libéralités faites par l'auteur de la disposition, l'une au profit de celui qui doit rendre, l'autre au profit de celui à qui l'on doit rendre : les deux donations ou les deux legs (art. 1048), s'adressent à deux personnes appelées à les recueillir, non pas l'une à défaut de l'autre (ce serait le cas de l'art. 898, de la substitution vulgaire), non pas l'une en même temps que l'autre [1] (ce serait une simple conjonction), mais l'une après l'autre, ce que Pérégrin, dans son latin barbare, exprimait par ces mots : *Ordine successivo, et non conjunctivo, seu simultaneo*. La nécessité de cette double dévolution *successive* apparaît bien dans l'art. 896, où un premier gratifié (le donataire, l'héritier institué ou le légataire) est chargé de conserver et de rendre à un tiers, gratifié en second ordre.

De ce que pour caractériser la substitution, il est besoin d'une première disposition faite au profit du

---

[1] La Cour d'Orléans (arrêt 1829, Sirey, II, 211) n'a pas voulu voir, et je crois avec raison, un simple legs conjoint dans le legs d'un immeuble fait à deux personnes pour en jouir ensemble et hériter l'une de l'autre. On y it un legs avec charge pour les deux légataires de conserver et de rend à la survivante d'entre elles. (Art. 896 C. N.)

grevé, faut-il conclure avec certains auteurs que l'héritier *ab intestat* chargé de conserver et rendre à un tiers, ne saurait être assimilé à un grevé : car, peut-on dire, il ne reçoit rien du testateur, il n'est ni son donataire, ni son héritier institué, ni son légataire (art. 896, 967, 1002), il tient tout de la loi. Non, cette considération ne nous touche pas : pour nous l'héritier légitime chargé de rendre à un tiers est bien un grevé dans le sens de l'art. 896 : nous le regardons comme tacitement gratifié[2] ; la loi des successions est le testament présumé de ceux qui meurent sans avoir disposé. Et d'ailleurs, l'ancien Droit, auquel nous empruntons les règles et devons demander le caractère des substitutions fidéicommissaires, ne distinguait pas entre l'héritier *ab intestat* et celui de la volonté du défunt. (Sic, Ordonn. de 1747, art. 1 et 2, sect. ii, Pothier, *Subst.*, sect. iv, art. 10, § 5. — L. 8 Dig., *de jure codicil.* § 1 et § 1. *de fideic. hered.*, 1.)

Puisque la première condition est la double dévolution, nous ne devons pas voir de substitution dans le cas où une personne a été chargée de rendre des biens légués à une autre par le testateur, qui l'a prise comme une sorte d'exécuteur testamentaire.

Je ne verrais pas non plus de substitution dans le

[1] Voir, Jugement du tribunal d'Angers (Lézec. Baronille). Le grevé conserve la succession en sa qualité d'héritier légitime. Sirey, 1, 208, an. 1855.

[2] Conf. M. Duverger, à son cours : le professeur tire argument de cette solution pour démontrer l'imperfection de la définition de l'art. 896.

cas où le testateur se serait ainsi exprimé : « Je lègue à Pierre tel fonds, et je le charge de rendre ce fonds à Paul. » La double transmission nous fait encore ici défaut, ou du moins l'ordre successif qui en résulte. On n'aperçoit pas l'idée d'une conservation imposée au grevé, on ne rentre donc plus dans les termes de l'article 896, qui n'admet pas de substitution hors du cas où le grevé est chargé de conserver et de rendre. Il y aurait là un fidéicommis pur, et le droit qui en résulte pour le fidéicommissaire s'ouvrirait au moment même du décès du testateur. (Conf. l. 5, § 1, *quando dies leg.*[1]).

Toujours, en s'attachant à cette condition essentielle de la double transmission, nous devons distinguer du grevé de substitution le grevé de fiducie, sorte d'héritier pour la forme, chargé par le testateur d'administrer la succession et de la tenir en dépôt jusqu'au moment où elle devra être remise au véritable héritier. Cette fiducie est une sorte de tutelle qui plane sur l'hérédité. (L. 46, *ad S. C. Treb.*) Le grevé fiduciaire n'a pas la saisine; en cas de prédécès de la personne à qui la remise doit être faite, c'est l'héritier du disposant qui recouvre les biens. Le fiduciaire ne fait pas les fruits siens. C'est un simple administrateur. (V. Rejet, 25 nov. 1807.) Si la restitution que devra faire le fiduciaire était ajournée jusqu'à son décès, on y verrait une substitution prohibée, car il faut tenir pour règle

[1] *Req.*, 8 juillet 1851

certaine qu'il n'y a fiducie qu'au cas où les termes du testament indiquent que l'institution a eu pour unique objet l'avantage de celui à qui l'institué est chargé de rendre. Nous ne voyons pas de fiducie dans le pouvoir qu'a reçu l'institué d'élire entre les appelés.

2° On devra trouver le *trait de temps* dans la substitution fidéicommissaire. Ce trait de temps est la conséquence de la charge de rendre. Aussi est-il absent de la substitution vulgaire, comme nous l'avons fait remarquer dans notre étude du Droit romain.

Mais, dès qu'il y a deux donations successives, il faut qu'il y ait dans l'esprit du disposant la pensée, et, comme dit Thévenot, la présupposition d'un trait de temps après l'acceptation qui aura été faite par le premier donataire : puisqu'il entend charger ce premier donataire de rendre, et que celui-ci ne peut être tenu de rendre qu'après qu'il aura reçu.

3° Ce trait de temps doit durer *pendant toute la vie du grevé*. C'est par là qu'apparaît dans toute sa clarté cet ordre successif, *cet ordre établi entre les personnes que le donateur appelle pour se succéder les unes aux autres* (Bigot de Préameneu), ce qui faisait dire à d'Aguesseau, dans le préambule de l'ordonnance : « Il s'est formé par là comme un *nouveau genre de succession*, où la volonté de l'homme a pris la place de la loi. » De ce report du trait de temps à la mort du grevé, notre art. 896 ne dit rien, j'en conviens, et son laconisme est vraiment regrettable. Ce que le texte suppose, c'est l'obligation de conserver et de rendre, imposée au grevé, mais l'o-

poque de la restitution n'est en aucune façon précisée.
D'accord; mais peut-on concevoir et soutenir de bonne
foi que le Code veuille prohiber la charge de rendre
immédiate? Ce serait là le fidéicommis pur, avec un trait
de temps imperceptible, et n'ayant pas un des inconvénients de la substitution fidéicommissaire. Serait-ce
la charge de rendre, sous une condition quelconque,
que l'art. 896 a voulu proscrire? Mais alors effaçons
de nos lois les legs conditionnels. (Art. 1040 et 1041.)
Tenons aussi désormais pour entachée d'une nullité
radicale une disposition comme celle-ci : Je donne
ma ferme à Paul, à la charge par lui d'en rendre telle
partie à Pierre. Je viens, dans cette disposition, de stipuler au profit d'un tiers (Pierre), et cette stipulation
est la condition d'une donation que je fais à un autre.
(Article 1121.)

Qui ne voit qu'en face des art. 1040 et 1121, il faut
bien se résoudre à regarder le legs conditionnel et le
fidéicommis de l'art. 1121 comme valables? Si la nécessité de la remise, à la mort du grevé, n'était pas une
des conditions essentielles de la substitution prohibée,
le législateur se contredirait lui-même. La conciliation
des textes, entre lesquels règne une apparente antinomie, consiste donc à ne voir de substitution prohibée
que là où la charge de rendre est reportée à la mort
du grevé. (Comp. art. 1051.) Merlin a donc eu raison
de dire que tous les fidéicommis ne sont pas des substitutions.

La condition *quum moreretur* se présumait facilement dans l'ancien Droit ; car, disait-on, sans cela le vœu du substituant serait certainement trompé parmi nous, dès qu'il n'a rien dit qui marquât l'obligation de rendre aussitôt. Une telle présomption, justifiée par l'usage du temps, manquerait de base sous une législation qui prohibe les substitutions, et ce serait d'ailleurs violer le principe si sage d'après lequel le testateur est censé n'avoir rien voulu de contraire à la loi et à l'efficacité de sa disposition. Il faudra, de nos jours, que la condition de la mort du grevé résulte (au moins implicitement), mais nécessairement, des termes du testament ou de la donation. Si la charge de rendre était subordonnée à un fait négatif de la part du grevé, et que ce fait ne pût se vérifier qu'à son décès, il faudrait sans balancer voir une substitution dans l'espèce. (Poitiers, 20 juil. 1859.) Si l'indication de l'époque de la mort du grevé résulte de l'ensemble de la disposition, la substitution existe ; en effet s'il fallait assigner un terme à la jouissance du grevé, ce terme ne pourrait être qu'assigné arbitrairement, à quelque époque de la vie qu'on se plaçât.

Ce terme est donc inévitablement celui de l'existence. (En ce sens, Cass., 15 juillet 1857, et Req., 13 août 1856.)

Revenons aux termes de notre art. 896. « Toute disposition par laquelle le donataire, l'héritier institué ou le légataire sera *chargé* de conserver et de rendre à un tiers sera nulle, même à l'égard du donataire de l'héritier institué ou du légataire. »

Il résulte des expressions de cet article que pour

qu'une disposition puisse être regardée comme une substitution, le disposant doit avoir imposé au donataire ou légataire gratifié en premier ordre l'obligation de conserver les biens donnés ou légués et de les rendre au tiers gratifié en second ordre.

Une simple prière de conserver et de rendre n'emporterait pas substitution. Ce que je dis de la prière, je le dis également du simple conseil, de la recommandation. Mais il n'est pas nécessaire, pour qu'il y ait substitution, que le disposant se soit servi des termes mêmes de l'article. Il suffit que la charge de conserver et de rendre résulte nécessairement de la teneur de la disposition.

Le simple désir exprimé par le testateur que le légataire conserve les biens légués pour les transmettre à un tiers ne suffit pas pour constituer une disposition prohibée. Si la loi n'a pas donné pour l'expression de la volonté du substituant de formule sacramentelle, on doit tenir comme une règle certaine que la volonté du disposant doit être exprimée en termes impératifs et obligatoires. En quoi nous nous écartons du Droit romain, sous l'empire duquel les fidéicommis, à la différence des legs, se faisaient en forme de prière (Ulp. Reg., *Rogo, cupio, desidero ut des.*) Désirer n'est pas imposer une *charge*. (Art. 896.)

Charge de conserver et de rendre à un tiers gratifié en second ordre, voilà donc bien ce qui constitue la substitution prohibée, d'après le Code. Charge de conserver, charge de rendre; l'une et l'autre, toutes deux à la fois. Cela nous conduit à l'examen de la question de savoir si le fidéicommis *de eo quod supererit* constitue, sous l'empire du Code, une substitution prohibée. En Droit romain, les effets d'un pareil fidéicommis étaient ainsi réglés que le grevé ne pouvait disposer des biens qu'à titre onéreux pour des besoins réels et sans fraude. (L. 54, *ad S. C. Treb.*)

La novelle cxviii[1] alla même jusqu'à imposer au grevé l'obligation de réserver au substitué au moins le quart des biens. N'y avait-il pas là, dans une certaine mesure, cette charge de *conserver* et de *rendre*, qui est devenue l'élément de la substitution? Ainsi me semblent s'expliquer certaines décisions de nos cours d'appel qui ont jugé que de pareils fidéicommis, faits sous l'ancien Droit, étaient enveloppés dans l'abolition des substitutions prononcée par la loi de 1792. (V. Cour de Bordeaux, 1830.)

Mais, dans notre législation actuelle, que dire d'une disposition ainsi conçue : Je lègue mes biens à Primus et je le charge de rendre après sa mort à Secundus ce qui lui en restera? C'est là une des questions les plus controversées (je ne dis pas les plus controversables) de notre matière.

Des jurisconsultes recommandables ont vu dans le fidéicommis *de residuo* une vraie substitution prohibée

[1] Pothier dit, n° 145 : « Dans nos provinces, où le Droit romain n'a d'autorité que comme raison écrite, je ne pense pas que la décision de cette novelle, qui est purement arbitraire, doive être suivie; on doit s'en tenir, à cet égard, au droit du Digeste, qui est fondé sur les notions naturelles de cette espèce de substitution.

dans le sens de l'art. 896. Et pourquoi, ont-ils dit, n'en serait-il pas ainsi?

Le texte de l'art. 896, qui est la seule loi en matière de substitutions, fait-il l'ombre d'une distinction entre les substitutions partielles ou totales? Ce n'est pas l'étendue de la substitution, ni la quotité des biens sur lesquels elle porte, c'est la clause de conserver et de rendre, qui emporte nullité, non-seulement de l'institution conditionnelle [1], mais encore de la disposition principale, contrairement au principe de l'art. 900. Et d'ailleurs, a-t-on pu dire (Meyer, *Thémis*, V, p. 57), toutes les considérations qui ont engagé le législateur à prohiber les substitutions militent également contre celles qui frappent tout ou partie des biens. La loi a considéré la substitution comme tellement contraire au bien public, que la charge de conserver et de rendre, obstacle puissant à l'aliénabilité des biens, est regardée comme une clause irritante de l'institution même. Cette loi n'a pas limité cet effet à la substitution intégrale de tous les biens, *ubi lex non distinguit...*

De pareilles idées portent en elles l'évident caractère de l'erreur. N'est-ce pas perdre de vue le texte de l'art. 896, auquel on a la prétention, peu justifiée, de rester fidèle, que de trouver une substitution dans la disposition dont il s'agit? On prétend qu'elle emporte

---

[1] Je me sers à dessein de ces mots : institution conditionnelle; c'est bien là l'étymologie de *substitution*. Jamais on ne trouvera une substitution qui ne soit faite sous la condition suspensive de la survie de l'appelé au grevé.

obligation de conserver, et que les graves inconvénients d'inaliénabilité qui ont fait proscrire les substitutions fidéicommissaires s'attachent aussi au fidéicommis *de residuo !* Voilà ce que, malgré de consciencieux efforts, je ne puis apercevoir. Si vous avez liberté d'aliéner, vous pouvez vous dispenser de conserver, cela est clair comme le jour, et l'art. 896 doit être mis hors de cause. Si vous pouvez aliéner, la stérile immobilité dont les substitutions frapperaient les patrimoines, si le Code les autorisait, devient un vain mot, et la disposition qui provoque votre colère n'a plus rien de cette forme devenue odieuse au législateur moderne. Elle a donc dr it à toute sa faveur, et l'ancienne coutume de Bretagne, qui rejetait de son sein les substitutions, avait accueilli le fidéicommis en question avec confiance. Preuve éclatante que ce n'était pas une substitution. (Comp. sur ce point Toullier, tome V, n° 8.)

On a peine à concevoir comment de sages esprits ont pu soutenir avec une véritable ardeur cette première opinion, et tout ce qu'il a fallu de généreux efforts de la part de M. Toullier pour convertir à la vérité M. Rolland de Villargues, demeuré trop longtemps partisan de l'erreur que nous combattons.

Si nous n'hésitons pas à valider dans sa totalité le fidéicommis *de eo quod supererit* (disposition principale et subsidiaire), des esprits passionnés pour l'analyse n'ont pu résister à la tentation de scinder ce que nous aimons à confondre.

Reconnaissant (ce qui est un vrai progrès sur la première opinion) que la charge de conserver n'est pas dans l'espèce imposée au grevé, ces esprits analytiques dérobent à l'application rigoureuse de la seconde partie de l'art. 896 la disposition principale faite au profit du premier gratifié, car, disent-ils, cette seconde partie de l'article ne frappe la disposition principale qu'autant qu'elle impose au grevé la charge de conserver. — Mais la disposition qui s'adresse au second gratifié, celle qui porte sur *ce qui restera*, ne saurait trouver grâce devant la première partie de l'art. 896. En effet, disent ces auteurs, aux termes de cet article (première partie) : « Toutes les substitutions sont prohibées, » et le fidéicommis *de eo quod supererit* est une substitution. (*Arg. à contr.* 898 et 899.)

On peut consulter, dans le sens de cette opinion qui respecte *l'institution* seulement, un arrêt de la cour de Caen, 16 novembre 1830, un arrêt de la cour de Rouen (1840), qui regarde la substitution *si quid supererit*[1], comme non écrite, en tant que renfermant une stipulation sur une succession non ouverte, contrairement à l'art. 1130. (1130 et 900 cbn.)

Pour nous, nous disons simplement : Il y a un lien étroit entre les deux parties de l'art. 896 ; l'une est complétée par l'autre : la première ne prohibe comme

---

[1] On trouve d'autres décisions judiciaires qui, annulant la substitution *de eo quod supererit*, conformément à la première opinion de Rolland de Villargues, valident la substitution *si quid supererit*, en s'en référant à une distinction faite par des interprètes du Droit romain. Pothier ne fait pas cette distinction. (Cass.; 14 mars 1852.)

substitutions que les dispositions affectant les caractères indiqués par la seconde. Nous avons souvent répété que ce que le Code avait voulu proscrire, c'était l'ancienne substitution fidéicommissaire, emportant avec elle charge de conserver et de rendre. Or la disposition par laquelle le donataire ou l'héritier institué est chargé de rendre à un tiers *id quod supercrit* n'emporte pas obligation de conserver. Donc elle ne rentre pas dans les termes de l'art. 896, donc elle n'est pas prohibée. Le souvenir de la novelle cxvııı a été pour les partisans du système que nous avons exposé en premier lieu une dangereuse lumière. — Qu'on lise Pothier (n° 145), on y verra ces paroles remarquables : « Dans nos provinces (droit coutumier) on doit s'en tenir au droit du Digeste, qui est fondé sur les *notions naturelles* de cette espèce de substitution. » — Pothier indique bien par là que la novelle cxvııı a faussé le caractère du fidéicommis *de eo quod supercrit*, qui par sa nature ne comporte nulle limitation du droit d'aliéner qui compète à l'héritier. — Le Digeste, lui, respectait ces *notions naturelles*; la seule limite était indiquée par ces mots : « *Si non intervertendi fideicommissi gratia.* (L. 54, *ad. S. C. Treb.*)

Lorsque, sans autre explication, le testateur ou le donateur aura chargé le bénéficiaire de conserver et de rendre ce qui lui restera, la faculté d'aliénation sera-t-elle limitée en quelque façon ? je ne le crois pas. J'écarte encore ici, comme dangereux, les souvenirs du Droit romain, qui bornait (novelle à part) le pouvoir d'aliéner aux aliénations à titre onéreux. On pensait que le grevé pouvait bien diminuer la substitution, en employant les biens substitués à ses besoins, mais non pas en les faisant passer à d'autres en fraude du substitué. — Lorsque le disposant ne s'est pas expliqué, il me paraît impossible, sous l'empire du Code, d'empêcher le prétendu grevé d'aliéner entre-vifs. Il faut des textes bien formels pour restreindre sur ce point le droit de propriété. Je n'en veux d'autres preuves que les dispositions des art. 1422 et 1083 C. N.

C'est par une assimilation aussi ingénieuse que juste que M. Démolombe, voulant régler le droit[1] du second gratifié sur les biens du fidéicommis *de residuo*, lui fait recueillir, à l'exemple de l'ascendant donateur ou de l'adoptant (art. 551), les objets qui se retrouveront en nature, et comme équivalents de ces objets mêmes, le prix encore dû de ceux qui auraient été aliénés et les actions en reprise. (V. art. 747, 766.)

Dans le cas où le disposant, tout en chargeant son donataire ou son légataire de conserver et de rendre ses biens à un tiers, l'aurait autorisé à les aliéner *en cas de besoin*, je serais porté à voir une substitution prohibée. En principe, le grevé m'apparaît, dans cette espèce, comme chargé de conserver. C'est seulement en cas de besoin qu'il pourra aliéner. De là une incertitude qui planera au-dessus de tous les actes par lui consentis. (Sic Marcadé, Boissard, *des Substitutions*. V. Nîmes, 17 août 1808.)

---

[1] M. Duverger, à son cours, enseigne que le fidéicommissaire n'aura nul droit à exercer sur le bien, objet du fidéicommis.

J'annulerais avec bien plus d'assurance encore la disposition dans laquelle le pouvoir d'aliéner n'aurait été conféré qu'en cas de nécessité dûment justifiée. Car alors, il faut bien en convenir avec la Cour de cassation (24 avril 1860), toute aliénation faite par la personne gratifiée n'aurait pu transmettre qu'une propriété contestable, et c'est précisément pour éviter cette incertitude propre à entraver la circulation des biens, à jeter la perturbation dans les transactions dont ils peuvent être l'objet, que dans un intérêt d'ordre public la loi a proscrit les substitutions. (V. Bigot de Préameneu, *Exposé des motifs.*)

Que dire du cas où le disposant a défendu d'aliéner hors de la famille? (Car il est hors de doute que la simple prohibition d'aliéner ne saurait emporter substitution, ce serait un *præceptum nudum*, comme disent les lois romaines.) Doit-on soutenir avec MM. Dalloz et Grenier qu'il y a là une substitution dans le sens de l'art. 896? — Ces auteurs n'ont-ils pas un peu cédé à l'influence des souvenirs de l'ancien Droit qui voyait dans la défense d'aliéner hors de la famille une substitution fidéicommissaire tacite: ce que nous apprend Pothier, n° 88: «La défense d'aliéner, portée par un testament, ne renferme une substitution que lorsqu'il paraît par le testament que c'est en faveur de quelque autre que celui à qui la défense est faite que le testateur l'a faite. Par exemple, s'il est dit: Je défends à mon fils d'aliéner les biens que je lui laisse, afin qu'ils soient conservés à ma postérité; ou même s'il est dit: Je lègue à un tel mes biens, qu'il ne pourra aliéner hors de la famille ; dans ces cas, la défense d'aliéner renferme une substitution au profit de la postérité du testateur ou au profit de la famille du légataire ; car le testateur a suffisamment exprimé que c'est ou en faveur de la famille du légataire, ou en faveur de sa postérité, qu'il faisait cette défense. »

Pour nous, fidèlement attachés au texte de l'article 896, notre unique et précieux guide, nous résoudrons la question dans un sens opposé, en disant : La clause du testament ou de la donation n'emporte pas prohibition absolue d'aliéner, et partant, n'implique pas charge de conserver (art. 896). Sortir de cette interprétation, quelque étroite qu'elle soit, c'est se lancer dans le champ, aujourd'hui fermé, des substitutions conjecturales. (Zachar., p. 18, not. 24, tome VI.) Admettre que la défense d'aliéner hors de la famille constitue une substitution, ce serait établir une sorte de retrait lignager repoussé par nos lois.

Un des principes que nous avons établis comme condition essentielle des substitutions, c'est ce que nous avons appelé la double transmission, la transmission de deux libéralités à deux personnes appelées successivement.

Ce principe établi, il est évident qu'on ne saurait voir de substitution dans la stipulation de retour que ferait pour lui-même un donateur, en cas de prédécès soit du donataire seul, soit du donataire et de ses descendants. En effet, le moyen de trouver ce *tiers* auquel le donataire doit conserver et rendre? (Comp. art. 896.) Le donateur, comme le disait si justement Thévenot, ne saurait être tout ensemble le substituant et le substitué (n° 241).

Sur ce point, nulle difficulté : le droit de retour est permis (art. 951); la substitution est prohibée (art. 896).

Mais dans quelles limites ce droit de retour est-il permis? L'art. 951 (al. I) nous dit : « Ce droit ne pourra être stipulé qu'au profit du donateur seul.» Importante restriction aux principes de l'ancien Droit, qui appliquait dans cette matière la règle de notre art. 1122 (règle qui ne reçoit chez nous que de biens rares exceptions). (Art. 951, 1514, 2017.)

Mais enfin ce donateur n'a pas observé la règle finale de l'art. 951, et s'oubliant lui-même (ce qui est rare lorsqu'on stipule le retour), il l'a stipulé au profit d'un tiers en cas de prédécès de son donataire. Que peut signifier, dans de telles conditions, la clause de retour, et qui ne voit que du droit stipulé il n'y a que l'apparence et le nom? Nul ne s'y est trompé, et la doctrine, aussi bien que les arrêts, a su, sous ce perfide déguisement, découvrir les manifestes caractères de la substitution prohibée. Concevrait-on, en effet, que des biens *retournassent* (art. 951, 700) à qui n'en était pas propriétaire, lorsqu'ils ont été l'objet de la libéralité? Dans cette stipulation extralégale, ce qui me frappe, ce qui m'apparaît avant tout, c'est la double libéralité faite *in ordine successivo*. Il y a une chose donnée à une personne que l'on charge de la conserver et de la rendre à une autre personne, *quum morietur*, et loin de revenir à son point de départ, à sa source primitive, au donateur en un mot, comme le mot *retour* semblerait devoir l'indiquer, la chose donnée s'en éloigne aussi complétement que possible, puisqu'elle ne sort des mains du donataire que pour aller trouver un étranger.

Un décret du 51 octobre 1810 (relatif à un legs fait au profit d'un hospice) a tranché cette question dans le sens seul rationnel à nos yeux d'une substitution prohibée. On peut voir aussi, dans le même sens, un arrêt du 18 avril 1842 (aff. Cabrolier, Cass. Req.). L'arrêt d'appel avait bien mis la difficulté en relief. « Attendu que la clause du testament par laquelle N. Calmels a déclaré qu'Amant Calmels, son frère, hériterait de sa succession, en ajoutant. ‹Le tiers de l'héritage, s'il vient « à mourir sans enfants, retournera à mes deux nièces « Issaly, » présente tous les caractères de la substitution prohibée ; qu'en effet, on y trouve l'ordre successif et le trait de temps ; Amant Calmels est appelé au premier degré, les filles Issaly au second ; il est tenu de conserver et de rendre, si l'événement de la condition a lieu ; enfin, par l'effet de ce legs, la propriété réside d'abord sur la tête du grevé et passe ensuite aux appelés ; que toutes ces clauses caractérisent essentiellement une substitution prohibée ; par ces motifs, annule la clause dont s'agit comme renfermant une substitution prohibée. »

Sur ce premier point (stipulation du retour au profit

d'un tiers), parfait accord de la doctrine et de la jurisprudence dans le sens de la nullité[1].

Mais voici d'autres hypothèses sur la solution desquelles cette heureuse harmonie va s'affaiblir.

Le donateur s'oublie encore comme dans la première
espèce (peut-être sent-il sa fin prochaine), mais c'est au
profit de ses héritiers qu'il stipule le droit de retour.

Ici, divergence extrême entre les auteurs.

Quant à voir dans cette nouvelle hypothèse une substitution, le regrettable M. Demante ne saurait s'y résoudre. La clause de retour, il la supprime, comme nulle
et non écrite, aux termes de l'art. 900. Car, dit-il,
c'est un retour illégal (art. 951); pour le legs ou la donation, il l'épargne. L'art. 896 lui paraît hors de cause,
parce qu'à la différence de la substitution, le retour
n'a d'autre but que de ramener les biens dans le patrimoine dont ils auraient dû faire partie; jamais les
biens substitués ne remontent vers leur source, ils vont
du grevé à l'appelé.

D'autres jurisconsultes distinguent entre la donation
et le testament : pour la donation entre-vifs affectée
de la clause précitée, ils effacent la clause *pro non
scripta* (art. 900); la trouvent-ils dans le testament, ils la
regardent comme une substitution et font crouler tout
l'édifice.

Pour nous, nous n'hésitons pas à dire: Il y a là substi-

[1] La seule Cour de Montpellier avait, dans une telle espèce, validé la
clause de retour : son arrêt fut cassé, le 22 juin 1812, sur le rapport de
Chabot.

lution (et cela sans distinguer entre le legs ou la donation entre-vifs). Que le retour diffère de la substitution, je
partage sur ce point l'opinion de M. Demante, mais c'est à
la condition que le retour se présente, avec ses caractères
propres, et dégagé des formes et des allures d'une substitution. De bonne foi, lorsque je fais un legs dans mon
testament, en réservant ce prétendu retour au profit de
mes héritiers, en cas de prédécès du légataire, de bonne
foi peut-on nier qu'il y ait là substitution? Écartés par
le testament, mes héritiers n'ont jamais eu de droit à
l'objet légué, car de nos jours, surtout en dehors des
réservataires, on n'admet guère l'idée de copropriété
reconnue par le Droit romain au profit de certains héritiers (*sui domestici heredes*). L'objet du retour est de
ramener la chose à son point de départ. La chose léguée
est-elle partie de chez les héritiers? Non, certes. Peut-
elle retourner dans le sens propre et légal du mot [1]? Si
nous supposons, non plus un legs, mais une donation
entre-vifs, nous avons le même motif de considérer les
héritiers comme substitués. Héritiers du donateur,
sont-ils donateurs eux-mêmes? Non, ils n'ont rien
donné! Peuvent-ils exercer le droit de retour, comme
héritiers du donateur et de son chef? Mais le donateur
s'est dépouillé et de la chose, en la donnant (art. 894

---

[1] Je sais bien que dans l'art. 766, on voit les biens reçus par l'enfant
naturel de ses père et mère (ou du moins le prix et les actions en reprise) *retourner* aux frères et sœurs légitimes, qui n'avaient rien donné.
Mais il s'agit là non du retour conventionnel dans l'hypothèse duquel
nous raisonnons, mais du retour successoral et légal.

et 958), et du droit de retour, en ne le stipulant pas (art. 951). Ils ne se présenteront donc que comme donataires en second ordre, c'est-à-dire comme substitués (art. 896). — V. Cass., 1841, 21 juin.

Mais sont-ce là toutes les difficultés que fait naître la stipulation de retour, quand elle intervient hors des rigoureuses limites où l'enferme la loi?

Nous allons supposer que le donateur a stipulé le retour au profit de lui-même et d'un tiers, ou d'un de ses héritiers, ou bien enfin au profit de lui-même et de tous ses héritiers.

La Cour suprême a refusé de voir une substitution dans la clause de retour imposée par le donateur à son profit et à celui d'un de ses enfants dans un contrat de mariage. Elle a annulé l'extension du droit de retour au profit de l'enfant, aux termes de l'art. 900, en se fondant sur ce qu'en matière d'interprétation il faut toujours pencher pour celle qui doit donner la vie à l'acte; dans le doute, on suppose que le donateur n'a pas voulu faire ce qui entraînerait la nullité de la donation. C'est l'application de la maxime : *utile per inutile non vitiatur*. Je crois à propos de citer ici deux des principaux considérants de l'arrêt de cassation (frères Saint-Arroman), 3 juin 1823, qui mettent cette idée dans toute sa lumière.

« Considérant que le sort et les effets de la donation et du droit de retour dont il s'agit ont dû être réglés par l'art. 951, qui contient des dispositions précises et spéciales sur cette question ;

« Que par cet article, le législateur, malgré le plus ou moins de ressemblance ou d'analogie qu'il peut avoir reconnu entre le droit de retour conventionnel et la substitution fidéicommissaire, a fait cesser les incertitudes auxquelles cette espèce d'analogie aurait pu dans quelques circonstances, donner lieu ;

« Qu'il a laissé au donateur la faculté de stipuler pour lui le droit de retour ; qu'il a défendu, au contraire, la stipulation au profit de tout autre que le donateur, sans prononcer cependant dans le cas de cette extension la nullité de la donation ; que par conséquent, au lieu d'annuler arbitrairement la donation faite au demandeur en cassation par son père dans le contrat de mariage, la cour de Toulouse aurait uniquement dû considérer comme non écrite la stipulation du droit de retour au profit du puiné. » (V. Sirey, *Dissertation*, 1825, I, p. 511.)

Je crois, après tout, que c'est là la façon la plus sage de résoudre la difficulté. Il me parait dur, en effet, de s'obstiner à voir une substitution là où le donateur a fait un acte à coup sûr sérieux, utile pour lui-même, là où, en fin de compte, il a pu se laisser guider par une autre intention que celle de déguiser une substitution prohibée.

Mais je ne ferai pas, comme M. Demolombe, de distinction entre le cas où le donateur a stipulé pour lui et pour un tiers, et celui où il a stipulé pour lui et ses héritiers[1], que la distinction soit possible, je ne

[1] M. Demol., *Donat.*, t. I, p. 126.

le conteste pas, mais les arguments sur lesquels l'éminent jurisconsulte s'appuie ne me paraissent pas concluants.

M. Demolombe voit une substitution dans le cas où le donateur a stipulé le droit à son profit et au profit d'un tiers. Il ne voit qu'une condition illicite, dans le cas où la stipulation a été étendue du donateur à ses héritiers.

Mais pourquoi cela? — Le jurisconsulte nous dit : dans le cas d'une stipulation de retour pour le disposant et pour un tiers, c'est une substitution qui intervient, car jamais le droit de retour n'a existé ni pu exister d'aucune façon au profit d'un tiers. — Et n'ai-je pas le droit de répondre : « Jamais stipulation de retour n'a existé ni pu exister au profit des héritiers; le texte de l'art. 951 réserve formellement ce droit au seul donateur. — Pourquoi donc annuler toute la disposition dans le premier cas, et vous contenter d'effacer la clause dans le second, puisqu'à l'égard du tiers, tout comme à l'égard des héritiers, l'article 951 a été pareillement méconnu, que pas plus pour l'un que pour les autres, la stipulation de retour ne pouvait légalement s'accomplir. Pour être logique, il faut ou tout faire crouler, en croyant à une substitution prohibée, ou, biffant la condition comme non écrite, respecter la donation dans l'une et l'autre hypothèse. (V. M. Demolombe, p. 127, 128-129).

Le doyen de la Faculté de Caen se fonde sur un article de la *Revue critique de législation*, t. IX, pour compter M. Coin-Delisle parmi les partisans de son système. Mais nous pensons qu'on ne peut conclure des paroles de M. Coin-Delisle à l'adoption de la doctrine mixte de M. Demolombe. M. Coin-Delisle ne prévoit pas l'espèce, il ne s'explique pas sur le cas où la stipulation serait faite au profit du donateur et d'un tiers. — Vraisemblablement il la résout, en effaçant la clause *pro non scripta* (art. 900 [1]).

Il y a des cas où, comme le droit de retour, le droit d'accroissement pourrait servir de déguisement à la substitution prohibée.

Quand les termes du legs sont tels qu'on puisse y voir un accroissement s'opérant par la mort du grevé, ou l'incapacité d'un des légataires survenue avant le décès du testateur, on se trouve dans le cas de l'art. 1044, et il est permis de ne pas voir de substitution fidéicommissaire réciproque, dès l'instant qu'il est douteux que le testateur ait voulu établir un accroissement postérieur à son propre décès. (Decherf, arrêt, 1845. Cass., 26 mars 1851.) C'est ainsi que dans une espèce, où le testateur avait institué pour légataires universels trois de ses petits-neveux, avec clause d'accroissement de la part de celui qui mourrait sans enfants aux deux survivants, on a pu juger que le testateur appelait les légataires existant au moment de son décès, ne chargeant aucun d'eux de l'obligation de

---

[1] Voir, dans le sens de l'opinion que nous défendons, un arrêt de la Cour de Montpellier, 25 avril 1844.

conserver et de rendre, ni dans les termes, ni dans le fait ; qu'il n'avait stipulé clairement que pour le cas où ce décès précéderait le sien propre; qu'en effet il n'y avait lieu à accroissement que dans le cas de prédécès des légataires; que l'accroissement, dans l'hypothèse contraire, violerait tous les principes applicables à la transmission des biens à titre gratuit. (Cass., rej., 26 mars 1851.)

Avant de chercher à poser quelques règles sur l'interprétation et la preuve des substitutions, d'étudier l'effet de leur prohibition, disons un mot des art. 898 et 899, qui se lient à notre sujet par les difficultés auxquelles leur application peut donner naissance.

L'art. 898 parle de la substitution vulgaire des Romains, accueillie par les pays coutumiers, où elle recevait le nom de substitution directe ; car, pour parler le langage de Ricard, le substitué prend directement la disposition de la main et dans la succession du testateur, bien qu'il soit subrogé à un autre qui était nommé avant lui. La substitution fidéicommissaire s'appelait par antithèse substitution indirecte ou oblique, parce que celui au profit de qui elle était faite ne devait pas recueillir les biens directement du disposant, mais par le canal d'une personne interposée chargée de la lui remettre. Le Code prive la substitution vulgaire de son nom de substitution, sous lequel à Rome elle était particulièrement connue; le législateur ne veut pas, par des expressions devenues odieuses, compromettre dans l'opinion publique une disposition qu'il autorise. C'est par suite d'un pareil scrupule qu'il évite de donner le nom de servitudes aux droits réels, pour leur donner celui de services fonciers (articles 526, 545, 658 et 686), et que le mot servitudes personnelles, usité dans les Instituts, ne désigne plus dans notre Code civil l'usufruit, l'usage et l'habitation.

La substitution vulgaire est, aux termes de la loi (art. 898), la disposition par laquelle un tiers se trouve appelé à recueillir le don, l'hérédité ou le legs, dans le cas où le donataire, l'héritier institué ou le légataire, ne le recueillerait pas (soit parce qu'il ne voudrait pas recueillir, soit parce qu'il serait prédécédé ou se trouverait incapable de recueillir). Aucun des motifs qui ont fait proscrire les substitutions indirectes ne signalait à la disgrâce du législateur la disposition de l'article 898 : simple institution conditionnelle, elle ne trouble en rien l'ordre des successions, ne jette pas d'incertitude dans la propriété; parlons le langage de la loi, ce n'est pas une *substitution*.

L'art. 899 énonce une vérité que la connaissance des principes développés sous l'art. 896 nous rend des plus évidentes. Nous apprenons par cet art. 899 qu'il n'y a pas de substitution prohibée dans la disposition entre-vifs ou testamentaire, par laquelle l'usufruit sera donné à l'un, et la nue propriété à l'autre.

En vérité une telle disposition n'a en rien le caractère d'une substitution prohibée. N'avons-nous pas reconnu que, pour créer une substitution, il faut transmission successive d'une double libéralité? Ici deux droits distincts sont simultanément constitués au profit de deux personnes qui ne doivent rien se transmettre l'une à l'autre. Nulle ombre d'éventualité, pas de condition de survie. Les deux gratifiés devront être conçus et capables, soit à l'époque de la donation entre-vifs, soit à celle de la mort du testateur. (Art. 900.)

D'où vient donc que le législateur a pris soin de faire un article pour déclarer valable ce que nul n'eût été tenté de croire prohibé? C'est que l'usufruit, avant de revenir au donataire ou légataire de la propriété (art. 949), a fait impression sur la tête d'une personne intermédiaire. C'est que le donataire de la nue propriété n'entre en jouissance qu'après la mort du donataire de l'usufruit[1], comme le substitué n'entre en jouissance qu'après la mort du grevé. (Art. 1051 et 1053.) Mais si l'on va au fond des choses, cette apparente assimilation ne tarde pas à s'évanouir, et l'on voit facilement que si le grevé *rend* l'objet substitué à l'appelé qui lui survit, l'usufruitier ne rend pas au nu-propriétaire un usufruit qui lui échappe, *in ultimo spiritu.* (Art. 617.)

Toutes ces idées paraissent simples : elles le sont en effet, mais les mille et une variétés de la pratique ont le secret d'y jeter le trouble.

Nul ne verra de substitution dans une donation ou un legs fait à plusieurs personnes appelées à en jouir l'une

---

[1] De nos jours l'usufruit ne saurait être l'objet d'une substitution. Comment conserver et rendre après ma mort un droit qui s'éteint avec moi? *Contra* en Droit romain, l. 4 et 29, § 2, *quib. mod. usus fr. amit.*

après l'autre, et portant sur l'usufruit de tout ou partie des biens du disposant. La Cour de cassation a décidé suivant ces principes que le legs d'une rente viagère fait à plusieurs personnes successivement, avec stipulation qu'à la mort du dernier des légataires, le capital reviendrait à une personne déterminée, ne formait pas une substitution prohibée, ni quant à la rente viagère qui en passant d'une tête sur une autre ne repose sur chacune d'elles qu'à titre purement viager, ni quant au capital, qui, n'appartenant à aucun des crédirentiers, est légué directement à la personne déterminée [1].

Lorsque l'usufruit de certains biens a été donné à Primus, et la nue propriété à ses enfants nés ou à naître, et en cas de décès de Primus sans enfants, à Secundus, la majorité des auteurs, en cela d'accord avec la jurisprudence, se refuse à voir une substitution, car si Primus décède sans enfants, Secundus recevra les biens directement du disposant, et non par l'entremise de Primus, usufruitier en qui périt l'usufruit (conf. Cour de Caen, 11 août 1825). Le dernier arrêt sur cette question est de Montpellier (6 mai 1840). Il reconnaît fort justement que la disposition faite au profit d'un individu pour le cas où il survivra à un tiers, donataire de l'usufruit des mêmes biens, ne renferme qu'un legs sous condition, et non une substitution prohibée. Le legs de la nue propriété a été fait sous la condition suspensive de la survie de son titulaire au légataire de l'usufruit.

[1] Cass., 8 décembre 1852.

Dans la précédente hypothèse, sur laquelle nous avons cité la décision de la Cour de Caen, la Cour de Paris (1er décembre 1807) avait donné une solution contraire, troublée qu'elle avait été par la prétendue impossibilité de placer le legs de propriété sur la tête de qui que ce fût, entre le décès du testateur et la mort de Primus. Ce scrupule est exagéré, comme le font observer MM. Aubry et Rau. Si Primus, usufruitier, a des enfants lors du décès du disposant, ces enfants seront légataires de la nue propriété sous la condition résolutoire de leur décès avant leur père, et, de son côté, Secundus, qui doit avoir la nue propriété au cas de mort de Primus sans enfants, en sera légataire sous la condition suspensive du même événement. Si, au contraire, Primus n'a pas d'enfants lors du décès du disposant (nés ou conçus), le legs de la propriété fait à ses enfants étant caduc, Secundus sera légataire pur et simple de la nue propriété[1].

Nous allons maintenant rechercher quelles règles doivent nous guider dans l'interprétation des actes attaqués comme renfermant une substitution.

C'est dans le titre des contrats, où se trouve résumée en sa plus pure essence, la philosophie du Droit, que nous puiserons une première règle, précieuse lumière qui dirige l'esprit de l'interprète et du juge à travers les incertitudes et les obscurités de rédaction des actes impugnés. Cette règle est écrite dans l'art. 1157 : « Lors-

[1] V. une ingénieuse application de l'art 899, Cour de cass., 18 mai 1863.

qu'une clause est susceptible de deux sens, on doit plutôt l'entendre dans celui avec lequel elle peut avoir quelque effet que dans le sens avec lequel elle n'en pourrait produire aucun. » *Actus intelligendi sunt potius ut valeant quam ut pereant.* Maxime d'autant plus sage à suivre qu'en cette matière la nullité est exorbitante, la sanction d'une excessive rigueur, puisque la disposition principale elle-même n'est pas épargnée, contrairement à l'art. 900.

Si cela est possible, dans le cas où la clause sera ambiguë, et la disposition conçue dans des termes s'appliquant aussi bien au cas où le premier gratifié viendrait à décéder avant le disposant qu'à celui où il mourrait après lui, il faudra voir une substitution vulgaire, et traiter la disposition comme telle. Surtout si la charge de rendre n'est pas littéralement exprimée, le doute doit toujours être interprété en faveur de la disposition. Exemple : J'institue Pierre, et, en cas de décès, je mets un tel à sa place : c'est la forme de la substitution dite compendieuse ou compendiaire (Pothier, n° 3). « On peut, dit cet auteur, faire tout à la fois l'une et l'autre substitution par le terme général de *substituer*, comme lorsqu'il est dit : Je fais Pierre mon légataire universel et je lui substitue Paul. Ces termes comprennent et la substitution vulgaire et la substitution fidéicommissaire, et non-seulement Paul est appelé dans le cas auquel Pierre ne recueillerait pas le legs, mais même dans le cas auquel Pierre le recueillerait, il est censé grevé de le restituer après sa mort à Paul. »

Aujourd'hui la substitution compendieuse doit seulement s'interpréter dans le sens de la substitution vulgaire ; par cela seul que la fidéicommissaire étant défendue, le testateur n'est pas censé avoir voulu la prévoir. (Req. 20 fév. 1841, Angers, 5 av. 1850.)

Il faudra aussi limiter à la substitution vulgaire une disposition ainsi conçue : J'institue Pierre et Paul, et je les substitue l'un à l'autre lors de leur décès. Le décès de l'un peut arriver avant comme après le décès du testateur ; le prémourant peut ou non avoir recueilli. La clause s'entendant de ces deux cas doit valoir dans le sens qui ne fait pas crouler la disposition. (Art. 1157.)

On devra appliquer l'art. 899 toutes les fois qu'on pourra le faire, pour valider la disposition du testateur, mais bien entendu seulement au cas où le doute résultera de l'obscurité de l'acte. (V. 5 mai 1856. Req.) Et encore faut-il que ce soit un doute sincère, et non de parti pris. C'est ainsi que M. Coin-Delisle reprend en termes fort vifs la Cour suprême d'avoir *douté*, dans l'espèce de l'arrêt Lézé (30 avril 1855), alors que l'espèce contenait indubitablement tous les éléments d'une substitution prohibée, et non ce double legs conditionnel que la Cour y a vu ; ce qui lui a fait appliquer l'art. 899[2].

Dans un remarquable article publié dans la *Revue*

[1] M. Bugnet sur Pothier.

[2] La Cour suprême jugea que la disposition testamentaire, aux termes de laquelle l'héritier légitime du testateur, en cas de mort sans enfants, sera réputé n'avoir recueilli qu'en usufruit tout ou partie de la succession et que la propriété en est sous cette condition suspensive léguée à d'autres, renferme deux legs conditionnels distincts, l'un d'usufruit au profit de

critique, octob. 1850, le savant jurisconsulte tremble à la pensée qu'avec l'emploi de ces mots : « condition résolutoire, condition suspensive, » ingénieusement combinés et agencés, on arrivera désormais à tourner la prohibition de la loi. Et dans sa légitime terreur, l'auteur de l'article s'écrie : « Au lieu d'être une disposition du fond, les substitutions ne seront plus qu'une affaire de rédaction : *l'habileté du rédacteur l'emportera toujours sur la loi.* Car dans toutes les substitutions, sans en excepter une seule, on pourrait prendre la précaution de faire une double disposition en évitant le mot de substitution. »

Quelle situation nous offre la clause du testament, dans l'espèce de l'arrêt Lezé? C'est un petit-fils, héritier légitime, qui devient, dès après la mort de son aïeule, la testatrice, plein propriétaire des biens légués, qui garde sa vie durant cette propriété, et qui à sa mort rend les biens aux neveux et nièces de son aïeule appelés à les recueillir, sous condition de lui survivre. — N'est-ce pas là une substitution, et qui ne voit que l'art. 899 est hors de cause, lui qui donnant la propriété à l'un, l'usufruit à l'autre, fait dès actuellement une attribution double et simultanée? Ici ce prétendu légataire de l'usufruit est en même temps légataire de la nue propriété; on n'a donc pas l'attribution distincte autorisée par l'art. 899; dès la mort de son aïeule, jusqu'à sa mort à

l'héritier, l'autre de nue propriété en faveur des légataires désignés, et non une substitution, chacun étant saisi de son legs dès le jour de la mort du testateur.

lui, il sera plein et entier propriétaire. — Il meurt :
ou les neveux et nièces de l'aïeule survivront et recueilleront les biens comme des appelés à une substitution
(art. 896, 1051), ou ils ne survivront pas, et la propriété
sera consolidée entre les mains du légataire, qui possé-
dait bien sous condition résolutoire, à la façon d'un grevé,
mais sous une condition résolutoire[1] non réalisée.

Rechercher si telle ou telle clause emporte avec elle
substitution, est-ce là ce qu'on peut appeler un point de
Droit, susceptible d'être soumis à la censure de la Cour
de cassation? Assurément oui. Le juge ayant à statuer
sur un acte attaqué comme renfermant une substitution,
doit se placer en face de l'art. 896 et mettre à l'épreuve
de son texte les éléments de l'acte impugné. Il cherche
ainsi la solution d'une question de Droit, s'il la résout,
il a résolu une question dont la décision peut fort bien
encourir la censure de la Cour suprême.

Que le juge épargne dans sa sentence une disposition
qui offrait tous les caractères d'une substitution prohibée, il viole le texte de l'art. 896. — Qu'il annule un
acte qui n'avait aucune apparence de substitution, il
fait une fausse application de l'article, et partant, en
viole d'autres. Maints arrêts ont consacré en faveur de
la Cour régulatrice le droit d'examiner et d'apprécier
la clause de l'acte, afin de rechercher si cette clause
renferme ou non les caractères prohibés par la loi. (V.
20 juin, 1852, Cass.)—V. dernier considérant de l'arrêt

---

[1] Comp. MM. Demolombe, Aubry et Rau, t. VI, p. 12 et 13.

par nous cité, 5 juin 1825, Cass. (frères Saint-Arroman.)

Ce n'est pas à dire pour cela que la Cour de cassation aura toujours sur les décisions de nos tribunaux en matière de substitutions un si puissant empire. Dans le cas où la clause sera douteuse, où le juge, fidèle à la règle d'interprétation dictée par l'art. 1157, aura penché soit pour un fidéicommis *de residuo*, soit pour une substitution vulgaire, soit pour un droit d'accroissement, il aura fait là une appréciation de fait, à l'abri du contrôle de la Cour de cassation, idée qui se trouve exprimée dans un arrêt de rejet de la Cour (25 janv. 1827).

Comment se prouvent les substitutions ? C'est là une question qui a vivement partagé les interprètes, et sur laquelle la jurisprudence offre de curieuses variations.

D'éminents jurisconsultes ont soutenu que la preuve qu'une disposition entre-vifs ou testamentaire était entachée de substitution ne pouvait ressortir que d'un acte revêtu des formes de la donation entre-vifs ou du testament ; qu'il fallait écarter tout autre élément de preuve, par exemple : la délation du serment faite au donataire ou au légataire, l'interrogatoire sur faits et articles, la production de lettres ou d'aveux écrits desquels résulterait la preuve que l'institué a pris l'engagement de conserver et de rendre les biens à un tiers.

Et l'on a dit, dans le sens de cette opinion, que nous adoptons : pour qu'il y ait substitution prohibée dans le sens de l'art. 896, il faut qu'un premier donataire ou légataire soit chargé de conserver et de rendre à un tiers, et qu'il y ait (en admettant pour un instant que la loi ne s'y oppose pas) un lien de droit entre le grevé et le substitué, tel que dans les mains du grevé les biens soient frappés de paralysie, et que le substitué ait une action pour se les faire rendre, en s'appuyant sur le titre qui n'a fait l'institution qu'à charge de substitution. Or cette obligation du grevé, ce droit du substitué ne peuvent résulter que d'une donation ou d'un testament, la substitution n'étant qu'une sous-institution et p conséquent ne devant se produire que sous la forme d'un testament ou d'une donation. (Art. 893, 1002, 896.)

Ne peut-on pas ajouter à ce premier argument : qu'une substitution fidéicommissaire, lorsqu'elle est permise aux termes des art. 1048 et suiv., ne peut être efficace et donner action au substitué, qu'autant qu'elle est établie dans un acte revêtu des formalités pour les dispositions à titre gratuit; — Semblablement on ne pourra attaquer une donation ou un legs comme renfermant une substitution prohibée, qu'autant que la charge de conserver et de rendre aura été imposée par un acte passé dans les formes exigées pour la validité des dispositions entre-vifs ou testamentaires.

Mais on a objecté : N'y a-t-il pas fraude à la loi, et l'espèce n'est-elle pas analogue au cas où une personne interposée aurait figuré dans une donation ? (Art. 911 et 1100.) Et, à raison de cette analogie, l'héritier légitime

---

[1] C'est ainsi que dans la célèbre affaire du testament de M. de Villette, on fut admis à établir par tous les moyens possibles que l'institution au profit de Mgr de Dreux-Brézé renfermait l'obligation tacite de transmettre l'hérédité à l'incapable que frappait la loi du 10 avril 1832.

ne pourra-t-il pas prouver la fraude à l'aide d'éléments pris hors du testament ou de la donation ' comme il en aurait le droit, au cas d'interposition? (V. Req., 5 mars 1857.)

Nous répondons : 1° Il n'y a pas de fraude à la loi prohibitive des substitutions ; 2° on ne saurait argumenter du cas de l'interposition des personnes pour employer, dans notre espèce, le même genre de preuves.

1° Et d'abord il n'y pas fraude à la loi prohibitive des substitutions, car les inconvénients des substitutions (prohibées) ne peuvent résulter de ce prétendu pacte illicite que les partisans de la négative disent être intervenu entre le disposant et son donataire. Le donataire a pu aliéner en effet les biens qui lui avaient été donnés ; s'il les a vendus, qui pourrait critiquer les ventes entre les mains des tiers acquéreurs, en s'étayant, je suppose, d'une déclaration du donataire qu'il avait reçu les biens seulement à charge de les rendre?

Admettre un tel système, ce serait ouvrir la porte à tous les genres de fraude; car, comme la Cour de Limoges l'a fait remarquer, il dépendrait toujours du vendeur de donner une déclaration de laquelle il résulterait que les biens par lui vendus étaient grevés de substitution, et d'assigner à cette déclaration la date qu'il voudrait (V. Arr., 11 janv. 1811.)

2° L'assimilation qu'on s'efforce d'établir entre notre hypothèse et celle d'une interposition de personne (art. 911, 1100) n'est pas d'une rigoureuse exactitude.

' Merlin, M. Demol., Cass., 25 décembre 1814.

Dans le cas d'une disposition faite au profit d'un incapable sous le nom d'une personne interposée (911), je ne m'attaque pas à deux dispositions successives, je soutiens qu'il y a eu une donation uniquement faite au confesseur de mon père, par exemple, durant la maladie dont il est mort (comp. art. 909); que celle qui a été faite à la mère du confesseur, à la personne interposée, n'existe que pour la forme. Je tends à établir le but réel d'un acte frauduleusement couvert de mystère. De là mon droit d'établir ce but par tous les moyens possibles. Quand j'attaque un acte comme entaché de substitution, je dois trouver deux donations successives, l'une au profit du grevé, l'autre au profit du substitué (d'après les principes que nous avons exposés). Et si, voulant prouver qu'il y a une disposition au profit du substitué, je ne puis apporter l'acte qui la constate, je dois infailliblement être renvoyé de ma demande.

Et cependant, malgré ces motifs qui me semblent sérieux, ces considérations de droit et de morale qui ont bien leur force et leur poids, la Cour d'Orléans a pu décider (8 avril 1815), « qu'en frappant de nullité les substitutions et les dispositions qui en sont grevées, l'art. 896 du Code civil a donné aux héritiers légitimes le droit de prouver que le légataire, l'héritier institué ou le donataire avaient été chargés tacitement d'un fidéicommis (oui certes), que cette preuve peut être faite soit par l'aveu et la confession de l'institué[1], soit

---

[1] Mais si c'est, comme la négative le dit, une fraude à la loi qu'il s'agit

par titres ou par témoins ; que la conduite du sieur Lefèvre (le légataire), et son refus de s'expliquer devant les premiers juges faisaient déjà soupçonner que les biens n'étaient entre ses mains qu'à titre de fidéicommis ; que ces présomptions se sont tournées en certitude par l'aveu positif qu'il a fait à l'audience ; et que les lettres de la testatrice, quoiqu'elles ne puissent être assimilées à un testament, doivent servir néanmoins à manifester ses dernières intentions, puisqu'en principe un testament n'est que l'expression des dernières volontés du testateur. »

Doctrine éminemment dangereuse, nous avons déjà montré comment, et de plus contraire aux principes les plus élémentaires du droit en matière de dispositions à titre gratuit et de preuves.

Puisqu'il ne suffit pas, pour régler la dévolution de ses biens, que l'homme manifeste ses intentions à cet égard ; que, de plus, il doit les consigner dans un acte revêtu des *formes* de la loi (art. 969, 970, *in fine*; 931, 1339), et lorsqu'on voit la loi semer les nullités à profusion autour de ces actes, lorsque l'omission d'une seule formalité suffit pour anéantir la volonté du testateur, comment croire que cette volonté puisse garder quelque effet, lorsque, comme dans la cause, pas une des formalités n'a été remplie?

Contravention aux règles de la preuve testimoniale,

d'établir, le donataire qui avoue qu'il était convenu entre le disposant et lui de faire cette fraude, ne doit pas être entendu : *Nemo turpitudinem suam...*

9

puisque d'après la doctrine de l'arrêt la preuve du fidéi-commis pourra être faite par témoins, et qu'aux termes de l'art. 1341, il ne peut être reçu aucune preuve par témoins contre et outre le contenu aux actes.

Un arrêt (16 mars 1842) de la Chambre des requêtes a donné gain de cause à l'opinion que nous soutenons.

Bien entendu, nous exceptons le cas où serait articulée la soustraction ou la perte de l'instrument constatant la substitution. Alors on pourrait permettre de prouver par témoins l'existence de l'instrument et de la substitution, et même exiger le serment du grevé. — Ici s'appliqueraient les art. 1348 et 1358.

Terminons ce qui a trait, dans notre travail, aux substitutions prohibées, par l'examen des effets de leur nullité.

Nous l'avons déjà dit et nous le répétons, la substitution prohibée a cet effet que la nullité dont elle est frappée rejaillit sur la disposition principale elle-même. (Art. 896, 2°.) Cette idée a trouvé des contradicteurs; on a pu soutenir que l'art. 896 n'annulait que la substitution, car, a-t-on dit, de sa nature la nullité d'une condition n'annule pas l'institution (comp. art. 900, 945); tel était d'ailleurs le régime des lois intermédiaires, et par l'anéantissement de la seule substitution le législateur a suffisamment atteint le but qu'il s'est proposé en édictant la prohibition de l'art. 896.

Dans cette opinion, dès longtemps délaissée, on croyait pouvoir rendre compte des mots de l'article « même à

l'égard du donataire, de l'institué, ou du légataire, » en
disant que le droit d'invoquer la nullité appartiendrait
non-seulement aux tiers acquéreurs et aux créanciers
du grevé, mais encore au grevé et à ses héritiers. —
Un arrêt de la Cour de Paris, 7 thermidor an XII, s'est
fait l'écho de cette doctrine, que nul aujourd'hui ne s'avi-
serait de soutenir. On est bien d'accord que l'art. 896
est une exception à la règle posée dans l'art. 900.
(V. arrêt du 6 janvier 1863, Cass.)

La nullité proclamée par l'art. 896 doit frapper
toutes les dispositions qui se rattachent à une substitution. Mais elle ne doit pas être exagérée, je veux dire
appliquée hors du cercle où la loi a voulu l'enfermer.

Un même acte vient-il à contenir plusieurs dispositions dont l'une est entachée de substitution, la nullité
qui frappe cette disposition ne rejaillit pas sur celles
qui sont pures d'un pareil vice. — Un légataire universel est chargé de conserver et de rendre à sa mort
l'universalité des biens à un tiers substitué : le même
acte qui contient l'institution du légataire universel
renferme un legs particulier au profit de Pierre, sans
l'ombre d'une substitution. Le legs particulier fait à
Pierre sera valable et acquitté par l'héritier légitime.
La nullité du legs universel ne rend pas ce legs particulier caduc.

Si le légataire universel était chargé par le testateur
de conserver et de rendre à sa mort un legs particulier
à un tiers grevé lui-même de substitution, la nullité
de la substitution ne pourrait être invoquée que par

l'héritier légitime du testateur, et non par le légataire universel, car l'efficacité de la prohibition portée en tête de l'art. 896 serait étrangement compromise si le droit de faire annuler la substitution était délaissé, à l'exclusion des héritiers du sang, dans les mains de l'héritier testamentaire, placé entre les devoirs contraires qui lui seraient imposés d'un côté par la loi, de l'autre par le testateur qui l'aurait gratifié. — En frappant de nullité même à l'égard de l'héritier institué la disposition faite à la charge de conserver et de rendre, la loi assure l'effet de la prohibition portée contre les substitutions, *en ouvrant aux héritiers du sang le droit d'en profiter et de l'invoquer.* (Comp. *le Droit*, 27 mai 1863, Cass.) Pourrait-on dire, en effet, que, dans l'espèce, l'institution du légataire universel fût sérieuse et que c'était à lui que dût profiter la caducité du legs particulier, en vertu de sa vocation à la succession tout entière ?

Il ne faudra annuler, comme entachés de substitution, un legs ou une donation, qu'autant que les deux libéralités coexisteront simultanément. Une de ces dispositions est-elle (indépendamment de la prohibition de l'art. 896) affectée d'un vice de forme ou d'une nullité de fond, l'autre disposition aura son effet. Car il restera une seule libéralité, en soi très-valable. En effet, la substitution est-elle nulle, l'institution est censée avoir toujours été une libéralité pure et simple. Est-ce l'institution qui croule, la substitution n'est plus qu'une libéralité directe, parfaitement valable, car on ne saurait prétendre que la substitution doit partager le sort de l'institution, comme l'accessoire suit le principal. — En effet, disent MM. Aubry et Rau, l'une et l'autre de ces dispositions sont également principales, en ce sens du moins que l'institution ne peut être considérée comme le fondement sur lequel repose la substitution. La relation qui existe entre ces deux dispositions ne concerne que le mode d'exécution, et non l'existence de la substitution.

Une même solution doit être donnée pour le cas où l'une des dispositions testamentaires serait rendue caduque par le décès du grevé ou du substitué avant le décès du testateur.

La Cour de cassation a bien mis ces principes dans leur jour (arrêt du 26 février 1855) : « Attendu que lorsque les faits qui font évanouir la charge de rendre se sont accomplis avant le décès du testateur, la condition qui pouvait donner naissance à la substitution étant devenue d'une réalisation impossible avant l'ouverture des droits créés par le testament, la clause qui renfermait cette condition est devenue elle-même improductive d'effet et doit être censée non écrite : par suite de quoi l'héritier ou le légataire se trouve saisi par le décès du testateur d'une propriété non grevée de la charge de rendre. »

En effet, si l'institué est mort avant le testateur, la caducité de l'institution a fait disparaître l'un des éléments essentiels de toute substitution prohibée, je veux dire le concours de deux donations. La seconde disposition ne constitue plus une substitution, puisqu'il n'y a qu'un seul gratifié, et elle vaut comme libéralité principale et unique.

Si c'est le second gratifié qui est mort avant le testateur, le premier recueille la libéralité comme un legs pur et simple.

C'est un principe souvent répété dans les arrêts, et d'ailleurs incontestable, que la prohibition des substitutions tient à l'ordre public. Aussi tout effort qui tendrait à désarmer la rigueur de la loi, à tourner l'application du principe prohibitif doit-il être énergiquement repoussé. Je fais une donation ou un legs, et j'exprime le vœu que dans le cas où ma disposition serait attaquée comme renfermant une substitution prohibée, on traite la donation en premier ordre comme libéralité pure et simple. Que doit-on penser d'une telle clause ? M. Duranton estime qu'elle ne doit pas être maintenue, « car, dit-il, en confirmant de pareilles dispositions, on assurerait en quelque sorte le succès aux substitutions prohibées ; car cette clause pourrait aisément devenir de style dans les actes, et alors le vœu de la loi serait éludé. »

Paroles d'une grande sagesse, à la haute raison desquelles je me rends pleinement, et qui me font effacer une telle clause aussi bien que celle qui contiendrait une peine contre les héritiers, au cas où ils voudraient attaquer la disposition.

Toutes les deux, avec une nuance imperceptible de plus ou moins de rébellion contre le texte, me semblent devoir partager le même sort, car l'une et l'autre auraient pour effet de dérober à la prohibition de l'art. 896 son énergique et légitime sanction. Un testateur qui reconnaît qu'il y a substitution, et substitution prohibée, puisqu'il prévoit l'éventualité d'un trouble[1], veut que si le légataire est troublé, il puisse disposer des biens légués comme bon lui semblera ; c'est comme s'il disait à l'héritier du sang : — Quoi qu'il arrive, je vous déshérite ! si vous respectez mes dispositions, vous n'aurez rien, puisqu'elles vous refusent tout ; si vous les attaquez, vous n'aurez rien non plus, puisqu'alors je fais disparaître la substitution. — Y a-t-il une combinaison plus manifestement antilégale, et un dessein plus audacieusement témoigné d'assurer quand même l'exécution des volontés les plus contraires à la loi ? — Quelle différence bien sensible, je le demande, avec le cas d'une clause pénale et quelle raison de distinguer ? (V. cep. M. Demolombe, Marcadé. Cass., 8 juillet 1851.)

On a agité la question de savoir si la renonciation à se prévaloir de la nullité d'une substitution prohibée était valable. C'est là une nullité prononcée dans un intérêt public. Aussi des Cours ont-elles jugé qu'elle ne pouvait être couverte par aucune renonciation ni ratification quelconque. Ainsi l'on ne pourrait exciper de la déli-

---

[1] La Cour de cass. (Req., 8 juillet 1851) a rejeté un pourvoi contre un arrêt, déclarant valable un testament où l'on lisait ceci : « En cas que mon héritier universel fût troublé dans l'intention de ladite substitution, il sera libre de disposer de mon hérédité en faveur de qui bon lui semblera. »

vrance faite par le légataire universel à un légataire particulier, surtout lorsque la délivrance est faite dans
les termes mêmes de la disposition testamentaire qui
grève le légataire universel de la charge de conserver
et de rendre les valeurs léguées. (Cass., 2 mars 1858.)
— Il faudrait, pour que la ratification eût effet, qu'elle
fît disparaître la substitution, c'est-à-dire la charge de
conserver et de rendre, ce qui ne pourrait avoir lieu
que par un accord entre tous les intéressés, duquel résulterait une transmission immédiate des biens à l'appelé, ou une renonciation de l'appelé au bénéfice de la
substitution. (Comp. Cass., 1860, Req.)

Il serait permis de transiger sur la clause d'un testament, à l'égard de laquelle il y aurait contestation
entre les parties, sur le point de savoir si la clause est
nulle comme contenant une substitution prohibée, ou
valable, comme contenant une disposition *de residuo*.
(Caen, 16 nov. 1855.)

SUBSTITUTIONS PERMISES PAR LE CODE NAPOLÉON (LES MAJORATS NON COMPRIS[1]).

L'art. 897, placé immédiatement après la disposition
prohibitive des substitutions, nous avertit d'une exception remarquable à la règle de l'art. 896, et c'est dans
le chapitre VI du titre II que nous en trouvons le développement. Il s'agit, dans ce chapitre VI, de disposi-

[1] Nous traiterons des majorats à part, en même temps que des lois
postérieures au Code qui ont modifié la matière des substitutions permises.

tions permises en faveur des petits-enfants du donateur ou testateur, ou des enfants de ses frères et sœurs.

Le nom de substitutions n'est pas donné à ces dispositions permises; nous savons combien est scrupuleuse sur ce point la langue du législateur (comp. art. 898 et 899): mais les textes que nous allons étudier nous présentent la charge de *conserver* et de *rendre* (1055, 1048), et si ces substitutions permises ont un but tout différent de celui des anciens fidéicommis, il est impossible de ne pas reconnaître que, par leur élément constitutif, elles s'en rapprochent complétement.

Bigot de Préameneu est bien forcé de le confesser. « C'est une substitution, dit-il, en ce qu'il y a transmission successive de l'enfant donataire aux petits-enfants. » — Toutefois, pour justifier la création du législateur, il ajoute: « Mais cela est contraire aux anciennes substitutions, en ce que l'objet de la faculté donnée aux pères et mères et aux frères n'est point de créer un ordre de succession, et d'intervertir les droits naturels de ceux que la loi eût appelés, mais plutôt de maintenir cet ordre et ces droits en faveur d'une génération qui en eût été privée.

« Dans les anciennes substitutions, c'était une branche qui était préférée à l'autre : dans la disposition nouvelle, c'est une branche menacée et que l'on veut conserver[1]. »

Voici donc l'exception à la règle de l'art. 899 jus-

[1] Fenet, t. XII, p. 565.

tifiée. La loi a voulu permettre aux pères et mères et aux frères et sœurs de prolonger, dans l'avenir, leur tendre sollicitude pour des petits-enfants ou des neveux auxquels l'inconduite ou les revers de leurs parents pouvaient réserver les amertumes d'un sort immérité.

Avant de faire son chapitre vi, inspiré par des vues si sages, le législateur avait flotté, incertain, entre divers moyens de concilier avec l'idée de justice le maintien de la puissance paternelle. On avait reculé devant l'arme si sévère de l'exhérédation, injuste pour les innocents qu'elle atteint, lors même qu'elle n'entend frapper que l'être qui a mérité ses rigueurs.

Et cependant il importait de faire respecter l'autorité paternelle, outragée par de téméraires écarts. On songea d'abord à permettre au père de famille de priver de tout le disponible le fils qui aurait encouru sa disgrâce. Puis le législateur, s'enhardissant dans la voie de la sévérité, alla jusqu'à restreindre l'enfant prodigue au simple usufruit de sa légitime. Ce système, auquel on s'arrêta lors des délibérations qui eurent lieu sur le titre de la puissance paternelle, n'y prit pas définitivement sa place. Le premier consul en fit ajourner l'insertion dans le Code au temps où l'on devait rédiger le titre des donations et testaments.

On avait trouvé les traces de cette disposition officieuse dans les lois romaines ; on s'y était laissé trop promptement séduire : au fond, était-ce autre chose qu'une exhérédation colorée d'une apparente doucœur, mais entraînant après elle les inconvénients de celles qu'on avait primitivement rejetée. Une fois arrivés au titre des donations, les rédacteurs se ravisèrent : n'allait-on pas, par cette réduction à l'usufruit de la portion héréditaire de l'enfant, porter atteinte à la réserve, dépôt sacré, gage inviolable de la famille privilégiée ? Et puis n'était-ce pas proclamer dissipateur le fils ainsi réduit, lui imprimer une note de déshonneur, lui clore l'entrée des emplois publics, lui ravir tout crédit, lui faire perdre toute estime, et, loin de soutenir les droits de la puissance paternelle, ne travaillait-on pas à l'affaiblir, en mettant le fils, victime de ses rigueurs, dans le cas d'attaquer devant les tribunaux la mémoire d'un père accusé de barbarie ?

Le problème à résoudre était celui-ci : éviter d'une part, que la disposition fût un germe de discorde et d'accusations respectives, et, de l'autre, que la loi qui soustrait une certaine quotité de biens aux volontés du père fût violée.

Nous allons voir comment le législateur a résolu le problème, en conciliant des principes qu'on avait mis d'abord en lutte. On ne touche pas à la réserve légale : le père peut seulement enlever le disponible à son fils, au profit de ses petits-enfants, et c'est dans l'excellent esprit de conservation de la famille que la loi a étendu à celui qui meurt ne laissant que des frères et sœurs la faculté de les grever de restitution jusqu'à concurrence de la portion disponible au profit de tous les enfants de chacun des grevés.

Les dispositions du chapitre vi, sont de droit étroit exorbitantes du droit commun. Il faut se garder de les étendre. C'est aux pères et mères, aux frères et sœurs que la faculté de substituer est concédée. C'est à eux qu'il faut nous en tenir.

Quelques jurisconsultes ont à toute force voulu revendiquer pour l'aïeul la faculté de substituer, dans le cas où le père de son petit-fils est prédécédé. Et pourquoi, a-t-on dit, l'aïeul ne pourrait-il pas, en donnant à son petit-fils, le grever de restitution au profit de ses arrière-petits-enfants ? Le mot *enfants* de l'art. 1048, a-t-on dit, est synonyme de descendants. (Comp. art. 914, 1082.) Mais je demande à mon tour si pères et mères (pris isolément) peuvent être regardés comme synonymes d'aïeuls et aïeules. (V. art. 150, 175.) Le sens du mot *enfants*, dans le texte de l'art. 1048, est limitativement déterminé par ces mots : « les pères et mères » qui l'avoisinent.

D'ailleurs, dans l'art. 1082 qu'invoquent les partisans de l'opinion que je combats, ne voit-on pas figurer, au début du texte, aussitôt après les pères et mères, les autres ascendants ? Si ces mots, « autres ascendants, » sont absents de l'art. 1048, ce n'est pas par suite d'un oubli du législateur qui se puisse réparer, ou dans le simple but d'une abréviation de style, qu'ils ne sont pas mentionnés à côté des pères et mères. Le Tribunat avait proposé leur addition au texte primitif. On ne donna pas suite à cette proposition du Tribunat[1].

[1] Comp. Cass., 29 juin 1855, d'un arrêt de la Cour de Dijon, confir-

L'art. 1049 exige, pour la validité de la disposition faite par le frère ou la sœur en faveur des enfants de son frère ou de sa sœur, que le disposant lui-même meure sans enfants. (Art. 1049, sera valable en cas de mort sans enfants....) Laisse-t-il un enfant adoptif, nous regarderons la disposition comme valable, malgré le texte de l'art. 350, qui est fait uniquement pour régler des droits héréditaires. Il est à remarquer que la loi ne qualifie pas d'enfant le fils adoptif. Pour elle, c'est l'*adopté* (V. art. 348, 350, 351, 352). L'art. 299 (C. pénal) donne bien au meurtre de l'adoptant par l'adopté et le caractère et la qualification de parricide, mais le mot enfant n'est pas dans le texte. (V. art. 299 et 300.) Le disposant laisse-t-il un enfant naturel, notre décision sera différente, l'enfant naturel est bien formé de notre sang, et les douces attaches de la nature qui le relient à nous ne se peuvent comparer aux froides relations d'une paternité civile, d'une génération légale, qui n'a rien de vrai dans la nature. Le Code n'hésite pas à donner au bâtard le titre d'*enfant*. (351, 331, 756....)

Si, postérieurement à une substitution faite par donation entre-vifs, survient un enfant au donateur, il ne faut pas croire que le prédécès de cet enfant au donateur fasse revivre la donation, qui s'est trouvée révoquée de plein droit. (V. art. 960 et 964.)

La charge de conserver et de rendre ne peut être éta-

matif d'un jugement du tribunal de Beaune (Flasselière contre Gauthey).

blie qu'au profit de tous les enfants nés et à naître du grevé, sans exception ni préférence d'âge ni de sexe. (Art. 1050.) Il est parlé dans l'art. 1049 du droit de substituer en faveur des enfants nés ou à naître, *au premier degré seulement*.

Ces expressions, *au premier degré seulement*, ont divisé les auteurs. Certains ont prétendu que par ces mots la loi voulait borner à un degré de restitution la substitution qu'elle tolère, que, partant, il s'agissait dans l'article 1048 et l'article 1049 du degré de substitution, non de celui de parenté. Aussi ont-ils pensé et écrit que rien ne s'opposerait à ce qu'un père ou un frère ne pût, en disposant au profit de son fils ou de son frère dont les enfants seraient prédécédés, *laissant* eux-mêmes des enfants, le grever de restitution au profit de ces derniers[1].

Telle n'est pas notre opinion. La loi a voulu parler du degré de parenté. Premier degré, cela veut dire la première génération (art. 735), et d'ailleurs l'art. 1051 vient d'une façon bien formelle préciser le sens du mot, en opposant les enfants au premier degré aux descendants d'un enfant prédécédé. (En ce sens, MM. Valette, Troplong.)

Telles sont les conditions auxquelles le Code assujettit la validité de ces substitutions exceptionnellement permises. L'une de ces conditions viendrait-elle à défaillir,

---

[1] MM. Aubry et Rau, p. 59, t. VI. Duranton, IX, 520; comp. art. un. de la loi du 17 mai 1826.

la disposition serait annulée pour le tout; car nous retomberions sous le coup de l'art. 896. Toutefois, si la disposition n'était attaquable que pour excès du disponible (art. 1048 et 1049), il y aurait simplement lieu à réduction, comme il arrive pour toute disposition entamant la réserve légale. (Art. 920 et suiv.)

Les art. 1048 et 1049 indiquent dans quelles formes peuvent-être faites ces substitutions permises. Elles seront faites par actes entre-vifs ou testamentaires. Si elles revêtent la forme de la donation entre-vifs, elles en doivent suivre les règles, ne porter que sur des biens présents (art. 943), être acceptées par le donataire grevé, donataire immédiat (art. 952), sauf, bien entendu, le cas où elles seraient faites par contrat de mariage (art. 1087).

Il est remarquable que l'acceptation n'est pas nécessaire de la part de l'appelé, qui peut n'être pas né (la substitution devant s'adresser aux enfants nés et à naître). La raison donnée par Pothier de cette dérogation aux principes du Droit est celle-ci : « On peut dire que la loi de l'équité naturelle, qui ne permet pas qu'un donataire retienne les choses données contre la loi, sous laquelle la donation lui a été faite, forme par l'acceptation que fait le donataire de la donation, à la charge de restituer les choses données à un tiers, un quasi-contrat entre lui et ce tiers, qui l'oblige envers ce tiers à cette restitution. » Pothier (n° 9) compare ce quasi-contrat qui lie le grevé à l'appelé avec le quasi-contrat qui oblige l'héritier à la prestation des legs envers les légataires. (Comp. n°° 8 et 9 *des Subst.*)

Même avec le consentement du grevé, le donateur ne pourrait plus révoquer sa donation. On trouve là une exception au principe de l'art. 1121, qui permet de révoquer une stipulation faite au profit d'un tiers (dans le cas où elle est possible), tant que le tiers n'a pas déclaré vouloir en profiter. Cette exception est facile à justifier : du moment que l'on dispense le substitué d'une acceptation, de la déclaration qu'il veut profiter, la révocation, dont la faculté n'est ouverte, en droit commun, qu'autant que l'acceptation n'est pas encore faite, devient radicalement impossible.

L'ordonnance de 1747 décidait formellement (art. 11) que les substitutions faites par un contrat de mariage, ou par une donation entre-vifs, bien et dûment acceptée, ne pourraient être révoquées par aucune convention ou disposition postérieure, même du consentement du donataire. Rien ne fait supposer que le législateur moderne ait entendu abandonner le principe de l'ordonnance sur ce point qui, avant elle, était fort controversé[1].

L'art. 1051, que nous avons souvent cité pour lui demander le secret de la vraie substitution fidéicommissaire (la mort du grevé) pose une règle des plus importantes, en ce qu'elle déroge aux principes de l'ordonnance de 1747.

L'article dit que si le grevé de restitution au profit

---

[1] Comp. M. Bugnet s. Pothier, n° 12.

de ses enfants (dans le cas des art. 1048 et 1049) meurt laissant des enfants au premier degré et des descendants d'un enfant prédécédé, ces derniers recueilleront, par représentation, la portion de l'enfant prédécédé.

La loi n'exige pas, pour les admettre au bénéfice de la substitution, que ces enfants de l'enfant prédécédé aient accepté la succession de leur père ou mère. Car on peut représenter celui à la succession duquel on a renoncé. (Art. 744.)

L'ancien Droit n'admettait pas la représentation dans les dispositions entre-vifs ou testamentaires (art. 20 et 21 ord. de 1747); si l'on suppose que tous les appelés sont morts avant le grevé, et qu'ils ont laissé des descendants, je crois que la substitution doit être caduque, à moins que l'auteur n'ait exprimé sa volonté à cet égard. (Comp. art. 21, *in fine*, de l'ordon. de 1747.)

Reproduction presque littérale de l'art. 16 de l'ordonnance de 1747, l'art. 1052 indique le moyen de convertir en biens substitués des biens qui avaient été précédemment donnés, entre-vifs, sans charge de restitution. Le donateur arrive à cette conversion en adressant à son donataire une nouvelle libéralité (don entre-vifs ou legs) sous la condition que les biens primitivement donnés seront grevés de restitution. Le donataire accepte-t-il cette libéralité faite après coup, il enlève par là à la première son caractère de libéralité pure et simple. Dès lors il ne peut plus diviser les deux dispositions faites à son profit, ni renoncer à la seconde pour s'en tenir à la première, même offrit-il de rendre les biens compris dans la seconde disposition.

Les tiers auxquels le donataire aurait consenti des droits sur les biens de la première donation ne souffriront, du reste, en rien de cette conversion, et pourront toujours exercer leurs droits sur les biens primitifs par préférence aux appelés.

C'est de l'art. 1052 que M. Bugnet tire argument pour dire que notre Code a entendu maintenir le principe ci-dessus rappelé de l'art. 11 de l'ordonnance. — Qui ne sent toute la force de l'argument ?

Le donataire qui accepte une libéralité nouvelle, dans les termes de l'art. 1052, doit, en marge de la transcription faite de la première donation pure et simple (art. 939), faire ajouter la clause de substitution dont son donateur l'a grevé après coup. — Sans quoi la première donation serait bien transcrite comme donation, mais non comme substitution, et les tiers qui ont traité avec le grevé quant au premier bien seraient fatalement déçus sur la nature du titre, désormais résoluble, en vertu duquel le grevé posséderait le bien précédemment donné.

ORGANISATION DE MESURES CONSERVATRICES DES DROITS DES APPELÉS.

Quoique, dans ce chap. vi, où le mot substitution n'est pas prononcé une seule fois, le Code ne parle proprement que de la charge de rendre (comp. art. 1048,

1049, 1052), l'obligation de conserver se déduit néanmoins de la série des mesures édictées par la loi en vue de protéger le droit des appelés.

Nomination d'un tuteur, confection d'un inventaire, vente du mobilier, emploi des deniers compris dans la substitution, telles sont les mesures conservatoires du droit éventuel des appelés.

Et d'abord, un tuteur doit être nommé à la substitution. Le substituant, par l'acte même dans lequel il dispose au profit de son enfant ou de son frère ou par un acte postérieur en forme authentique (ce qui à mon sens n'exclut pas le testament olographe)[1] peut fort bien, nommer le tuteur chargé de l'exécution de ses dispositions, et ce tuteur ne pourra être dispensé que pour une des causes exprimées à la sect. vi du chap. ii du titre *de la Minorité* (art. 427 et suiv.), art. 1055.

A défaut de ce tuteur nommé par le disposant, ou en cas d'excuse de sa part, c'est au conseil de famille à procéder à la nomination d'un tuteur ; c'est au grevé à la provoquer, s'il est majeur ; s'il est mineur, ce soin regarde le tuteur du grevé. — La nomination doit être provoquée dans le délai d'un mois à compter du décès du disposant. — Ce qui montre bien (art. 1056, *in fine*) qu'il ne doit pas être nommé de tuteur pendant la vie du disposant, si la substitution est faite entre-vifs.

Dans cette tutelle *sui generis*, il n'y a pas de subrogé tuteur. On s'accorde à refuser aux appelés, même mi-

---

[1] *Sic*, M. Valette.

neurs, une hypothèque légale sur les biens de ce tuteur à la substitution qui n'administre pas. (Comp. art. 2135, *à raison de sa gestion.*)

Le grevé sera tenu de provoquer cette nomination, sous peine d'être déchu du bénéfice de la disposition (1057); sanction impérative[1] pour le juge qui doit prononcer la déchéance, à la requête des parties intéressées (sauf le cas, bien entendu, où l'obstacle à la nomination du tuteur serait un cas de force majeure, art. 1302 et 1315): cette déchéance, à mon gré, atteindrait même le grevé mineur, la disposition de l'art. 1074, combinée avec les termes si impératifs de l'art. 1057, s'appliquant à toutes les formalités imposées au grevé par les articles du chap. vi. (V. art. 1074, 942 anal.)

La déchéance du grevé devra-t-elle être prononcée, s'il n'y a pas d'appelés? Des auteurs l'ont soutenu, et ont pensé qu'alors, en l'absence d'appelés au profit desquels le droit pût s'ouvrir, les biens devaient retourner provisoirement aux héritiers *ab intestat* du donateur ou du testateur, où ils seraient partagés comme les autres biens du disposant, *cum onere*, avec la charge qui les grevait au profit des appelés à naître.

Je ne crois pas cette opinion conforme au texte et à l'esprit de la loi.

Au texte, car l'art. 1057, qui fait aller de pair la déchéance du grevé et l'ouverture du droit des appelés, s'exprime ainsi : « à la diligence, *soit des appelés*, soit

[1] Paris, 29 mai, 1841. Riom, 1 juin 1847.

de leur tuteur. » Le texte suppose donc que les appelés existent.

A l'esprit de la loi, car la nomination d'un tuteur prescrite dans le seul intérêt des appelés est tout à fait étrangère aux héritiers *ab intestat* de l'auteur de la substitution. Ceux-ci ne doivent pas profiter de la sanction d'une mesure qui n'a pas été ordonnée pour eux, c'est-à-dire de la déchéance du grevé.

Le tribunal, dans le cas où il n'existe pas encore d'appelés, devra se borner à ordonner des mesures conservatoires dans l'intérêt des appelés à naître. (Comp. Zach., Duranton, t. IX, 567.)

Le tuteur est là pour surveiller l'exécution de la substitution. Il doit veiller à ce que le grevé remplisse fidèlement ses devoirs relatifs à la protection des droits de l'appelé.

La confection d'un inventaire aidera à constater les biens substitués. Après la mort du disposant, il sera procédé, dans les formes ordinaires, à l'inventaire de tous les biens et effets qui composeront la succession, excepté néanmoins le cas où il ne s'agirait que d'un legs particulier. Cet inventaire contiendra la prisée à juste prix des meubles et effets mobiliers. Les frais en seront pris sur les biens compris dans la substitution. C'est à la requête du grevé que cet inventaire doit être fait, en présence du tuteur à la substitution. — Si l'inventaire n'a pas été fait à la requête du grevé dans le délai fixé au titre des successions, il y est procédé dans le mois suivant, à la diligence du tuteur nommé pour l'exécution, en présence du grevé ou de son tuteur. — S'il n'a pas été satisfait à ces exigences de la loi, il sera procédé audit inventaire à la diligence des personnes désignées en l'art. 1057 en y appelant le grevé ou son tuteur, et le tuteur nommé pour l'exécution. (V. articles 1058-1061.)

Reproduit presque littéralement du texte de l'ordonnance, l'art. 1062 impose au grevé l'obligation de faire procéder à la vente du mobilier compris dans la substitution (ce sera une vente par affiches et enchères, non une vente judiciaire, d'où la conséquence qu'il n'y aura pas besoin d'obtenir une ordonnance de justice pour procéder aux enchères).

Sont-ce tous les meubles corporels qui sont vendus? Non, la loi apporte une première exception, dans l'article 1063, à la règle de l'art. 1062, pour les meubles meublants et autres choses mobilières qui auraient été compris dans la substitution, à la condition expresse d'être conservés en nature. Le grevé les rendra dans l'état où ils se trouveront lors de la restitution.

Une seconde exception est faite par l'art. 1064, pour les bestiaux et ustensiles servant à l'exploitation des terres censés compris dans les donations entre-vifs ou testamentaires desdites terres. Disposition qu'il faut étendre aujourd'hui à tous les meubles que l'art. 524 a déclarés immeubles par destination. Si l'art. 1064, qui copie l'art. 7 de l'ordonnance, parle spécialement des bestiaux et ustensiles, c'est qu'on ignorait, lors de la rédaction du titre des donations, s'il y aurait des immeubles par destination. Le titre des substitutions est du 3 mai 1803, celui de la *distinction des biens* n'a été promulgué que le 25 juin 1804.

Le grevé est tenu de faire estimer les immeubles par destination (524 C. N.), afin de rendre des immeubles d'une égale valeur.

Après la vente du mobilier, la loi passe à l'emploi des deniers compris dans la substitution. Dans le délai de six mois (art. 1065) il doit être fait par le grevé, à compter du jour de la clôture de l'inventaire, un emploi des deniers comptants, de ceux provenant du prix des meubles et effets vendus, et de ce qui aura été reçu des effets actifs (créances souscrites au profit du défunt).

Dans un délai de trois mois après la réception des deniers (art. 1066), le grevé est tenu de faire emploi de ceux qui proviennent des effets actifs recouvrés et des remboursements de rentes.

La forme de l'emploi sera celle qu'aura réglée le disposant; s'il n'a rien ordonné à ce sujet, l'emploi ne pourra être fait qu'en immeubles ou avec privilége sur des immeubles. Un placement fait avec première hypothèque satisferait, je crois, pleinement au vœu de la loi. L'expression *privilége* (à une époque surtout où le législateur hésitait sur le système hypothécaire auquel il s'arrêterait) n'a pu revêtir un sens exclusif, et doit s'entendre de tout droit de préférence hypothécaire. (Comp. art. 2113.) M. Vazeille va peut-être trop loin en disant qu'on pourrait, au besoin, se contenter d'une hypothèque de deuxième ou troisième ordre.

S'il était impossible de trouver un emploi conforme soit aux intentions du disposant, soit aux prescriptions de la loi, il faudrait s'adresser au tribunal pour faire régler le mode de collocation des deniers fidéicommissaires.

La Cour de Dijon, par arrêt du 16 août 1861, infirmatif d'un jugement du tribunal de Beaune, a décidé que lorsque le grevé ou le tuteur à la substitution ne trouvait pas de placement hypothécaire, les capitaux donnés ou légués à charge de substitution pouvaient être placés en obligations du Crédit foncier : la Cour a vu, et à juste titre, dans un tel placement de plus grandes garanties que n'en offrent la plupart des prêts hypothécaires ordinaires, puisque les conditions imposées aux emprunteurs sont excessivement sévères, et que ces obligations reposent sur des biens entièrement libres, et qui doivent représenter au moins le double de la valeur des sommes prêtées.

Nous arrivons aux mesures organisées dans l'intérêt des tiers, aux formalités de transcription et d'inscription. Les tiers y trouvent une salutaire garantie contre des illusions funestes sur l'état et les droits du grevé : l'art. 1070 nous révèle, en outre, de quel secours la publicité de la substitution peut être pour les appelés eux-mêmes, au cas d'insolvabilité du grevé et du tuteur.

Dans l'ancien Droit, nous l'avons vu, outre la transcription de l'acte dans un registre public (insinuation), les substitutions étaient assujetties à la publication, qui se faisait à l'audience. Pothier étendait ces mesures de publicité aux legs conditionnels (surtout lorsque la condition pouvait n'arriver qu'après un fort long temps.) L'analogie que les legs conditionnels, ainsi faits, présentent avec les substitutions fidéicommissaires avait frappé le jurisconsulte, et lui avait fait exprimer le désir de voir ces legs insinués et publiés. Nous ne pensons pas que la pratique les assujettit à ces formalités [1].

Notre Code a remplacé la publicité des ordonnances par la formalité de la transcription. L'acte de substitution (portant sur des immeubles) est transcrit au bureau des hypothèques du lieu de la situation. (V. art. 1069 et 939.) C'est à la diligence du grevé ou du tuteur que la loi confie l'accomplissement de cette importante formalité. Quant aux sommes colloquées avec privilége sur des immeubles, la publicité de la substitution se révèle par l'inscription sur les biens affectés au privilége.

Rien ne saurait remplacer cette publicité exceptionnelle. Dans le plan du législateur, nulle lumière ne l'égale. Les tiers mêmes auxquels on aurait dénoncé ou signifié l'acte de disposition, ceux qui auraient assisté à l'acte, signé comme témoins la donation ou le testament, ceux-là, en un mot, qui ne pourraient, sans mentir à la réalité des faits, invoquer leur ignorance de la substitution, auront le droit de la tenir pour non avenue, si elle n'est transcrite. (Art. 1071.)

Et comment cela peut-il se faire? Ne semble-t-il pas

[1] M. Baguet s. Pothier.

que l'équité souffre et soit choquée d'une telle faveur accordée à des tiers dépourvus de bonne foi? Pothier répond à la difficulté en disant : « Le législateur a porté une loi générale à laquelle il faut satisfaire. Si la loi eût laissé la liberté d'entrer dans la discussion du fait « si celui qui a contracté avec le grevé a eu con- « naissance ou non de la substitution, » cette discus- sion aurait pu donner lieu à des procès qu'il était de la sagesse de la loi de retrancher, les lois étant établies non-seulement pour y mettre un terme, mais pour les empêcher de naître. »

Qui peut se prévaloir de l'absence de transcription ou d'inscription?

L'art. 1070 nous apprend que le défaut de transcrip- tion peut être opposé aux appelés par les créanciers et tiers acquéreurs à titre onéreux. Ce sont les créanciers du grevé que la loi a en vue, et non, comme l'a prétendu Grenier, ceux qui ont traité avec le tuteur à la substitu- tion. Idée véritablement bizarre, fondée sur ce que le tuteur est personnellement responsable (art. 1075) pour défaut de transcription et d'inscription, mais que l'on réfute en disant que la responsabilité du tuteur existe dans l'intérêt des appelés, et non dans celui des tiers. On peut en outre se demander quelle espèce de droit eût d'ailleurs consenti le tuteur, qui n'en a aucun sur les biens substitués. (Art. 1599, 2182.)

L'art. 1072 dispose que les donataires, les légataires ni même les héritiers légitimes du substituant, ni pa- reillement leurs donataires, légataires ou héritiers, ne pourront, en aucun cas, opposer aux appelés le défaut de transcription.

Rapproché de l'art. 941, cet art. 1072 a fait naître des difficultés ; que porte l'art. 941 ? spécial aux donations entre-vifs, il décide que le défaut de transcription d'une donation pourra être opposé par toute personne ayant intérêt, sauf celles qui sont chargées de faire faire la transcription, leurs ayants cause et le donateur. Cet article n'excepte donc que les personnes qui auraient dû veiller à la transcription, le donateur, et je crois aussi, ses héritiers. (Ce point est d'ailleurs très-controversé [1].) Donc le donataire n'est pas excepté, et, ayant intérêt, il pourrait opposer le défaut de transcription, comme il en aurait eu le droit sous l'ord. de 1751, sans qu'on pût argumenter contre lui de la disposition de l'art. 1072, vraie sanction de l'art. 1069. Dans l'art. 1072, le cercle des exceptions s'agrandit notablement. Ce ne sont pas seulement les héritiers légitimes du disposant ; ce sont encore les successeurs à titre particulier de ce disposant qui ne peuvent opposer le défaut de transcription.

Supposons qu'une donation faite avec charge de substitution n'a pas été transcrite, le donateur dispose de la même chose qu'il a déjà donnée, en faveur d'un autre donataire, et celui-ci transcrit. Aux termes de l'art. 1072, ce second donataire ne peut opposer à l'appelé le défaut de transcription de la première donation. Pourra-t-il s'en

<hr>

[1] V. sur cette intéressante question une note de M. Demangeat, insérée dans le tome II des *Répét. écrites* de F. Mourlon.

prévaloir contre le grevé, aux termes de l'art. 941 ? Pourquoi non ? Ne peut-on pas imputer au donataire de n'avoir pas fait transcrire ? Le même reproche pourrait-il être adressé, avec autant de justice, à l'appelé, qui peut-être n'était pas conçu lorsque la substitution a été faite ? Dans l'art. 1072, il s'agit de personnes *qui certant de lucro captando*. Il faut ici préférer les appelés auxquels on doit conserver des moyens d'existence.

Le défaut de transcription pourra donc être opposé au donataire grevé par le second donataire ; mais comme ce dernier est donataire de l'auteur de la disposition, qu'il ne peut en conséquence invoquer (1072) contre les appelés le défaut de transcription, les biens resteront dans les mains de ce second donataire, avec charge de restitution, comme ils seraient restés dans la main du grevé, si la transcription avait eu lieu. Ce second donataire devra donc remplir les obligations attachées à la charge de grevé, pour la conservation des droits des appelés[1].

Le dernier alinéa de l'art. 11 de la loi du 23 mars 1855 porte qu'il n'est point dérogé aux articles du Code civil relatifs à la transcription des actes portant donation ou contenant des dispositions à charge de rendre ; ces articles continueront à recevoir leur exécution. L'œuvre du Code est respectée, et bien qu'en principe, aux termes de la loi nouvelle, les actes de dernière volonté soient exemptés de la transcription (arg. l. 1855,

---

[1] En sens contraire, M. Troplong.

art. 1); les substitutions par actes testamentaires, comme celles qui résultent d'actes entre-vifs, y demeurent assujetties. (Art. 1069.) La loi du 23 mars 1855 laisse subsister dans sa totalité cet article 1069. Aussi, lorsque les derniers grevés de substitution auront été employés avec privilége sur un immeuble, il faudra toujours mentionner la charge de rendre dans l'inscription sur le bien affecté au privilége.

La Cour suprême a décidé en 1852 que l'art. 1069 s'appliquait aussi bien à l'acte par lequel les capitaux compris dans une substitution sont employés en acquisition d'immeubles qu'à l'acte originaire constitutif de la substitution : que conséquemment le premier acte, étant de nature à être transcrit, était passible du droit de 1 et demi pour 100, lors de l'enregistrement, sans que le refus par l'appelé d'accepter l'emploi, en renonçant au legs sous la forme duquel l'emploi avait été fait, pût faire considérer la perception du droit de 1 et demi pour 100, comme irrégulière dans son origine.

DES DROITS DU GREVÉ.

Le grevé est-il un simple usufruitier? A lire l'article 1055, on pourrait être tenté de le croire. On y voit le mot *jouissance* synonyme d'usufruit dans la langue du Droit; (Art. 584, 585, 586, 600.) Bigot de Préameneu avait dit : « Les grevés de substitution ne sont que de simples *usufruitiers :* ils ont un intérêt contraire à celui d'amélioration.» Formule regrettable, parce qu'elle est inexacte : tôt ou tard, ces à peu près de langage passent dans le texte définitif, et font errer les esprits. Ricard avait eu le tort de comparer le titre du grevé à celui du fermier. Mais le judicieux Pothier reconnaissait au grevé le droit de propriété. « Il est, disait-il, avant l'ouverture, seul propriétaire des biens substitués. » Tenons-nous-en aux expressions de Pothier. Qui serait le propriétaire ? le substitué ? Mais avant l'échéance de la condition, il n'a qu'une simple espérance, il n'est appelé que pour un cas futur et incertain. Il n'aura de droit qu'autant que ce cas arrivera. Il ne peut donc pas être propriétaire.

Il faut bien que la propriété réside sur la tête de quelqu'un, car la substitution ne fait pas que la propriété soit en suspens, elle la soumet seulement à une condition résolutoire.

Le grevé est donc propriétaire sous condition résolutoire, et non un simple usufruitier. (Arg. de l'article 899.)

De ce qu'il est propriétaire sous condition résolutoire, ou, pour satisfaire les esprits les plus exigeants[1], propriétaire *ad tempus*, nous tirerons les conséquences suivantes :

Le grevé a pu aliéner les immeubles substitués, les hypothéquer, les charger de droits réels, et il a été jugé par la Cour de cassation (5 mai 1830), que les créanciers du substituant ne pouvaient pas écarter des créan-

---

[1] V. M. Demolombe, *Don.*, t. I.

ciers du grevé de la distribution du prix provenant de la vente des biens grevés, sous le seul prétexte que ces biens n'avaient pu être hypothéqués par le grevé.

A l'époque seule où cessent les droits du grevé deviennent résolubles contre les créanciers et les tiers acquéreurs les obligations et les ventes consenties par le grevé au préjudice des appelés. (V. art. 51 ord. de 1747, tit. II.)

Le grevé peut poursuivre la rentrée des créances faisant partie de la substitution ; le débiteur d'une rente rachetable comprise dans la substitution ne serait pas plus, aujourd'hui que sous l'ordonnance, obligé, lors du remboursement de la rente, de veiller à l'emploi.

Les jugements qu'obtient le grevé (même en l'absence du tuteur) profitent aux appelés.

S'ils sont rendus contre le grevé, et que le tuteur ait été mis en cause, sans que le ministère public eût rendu ses conclusions, ils lieraient à nos yeux les appelés, et nous refuserions à ceux-ci la requête civile que quelques auteurs leur accordent, en invoquant le n° 8 de l'art. 480 C. pr. Car l'art. 83 ne range pas parmi les causes communicables au procureur impérial les causes des appelés. La loi n'en fait pas des mineurs *quand même*, parce qu'un tuteur veille à l'exécution des dispositions du donateur ou testateur. (Comp. 480, n° 8, et 83 C. pr.)

La prescription courra contre le grevé, car il est

propriétaire, et rien dès lors ne l'empêche d'agir.

La prescription courra-t-elle contre les appelés?

Et pourquoi ne courrait-elle pas contre eux? Avant l'ouverture du fidéicommis, n'avaient-il pas des moyens d'interrompre la prescription? Créanciers conditionnels (art. 1180), ils avaient la faculté d'exercer tous les actes conservatoires de leur droit. La règle générale n'est-elle pas que la prescription court contre toutes personnes (à moins qu'elles ne soient dans quelque exception établie par une loi)? (Art. 2251.) Or, nulle exception n'apparaît dans la loi pour les appelés capables (du moins). On ne rencontre pas non plus pour les biens substitués d'exception à la prescriptibilité, comme celle que la loi prononce à l'égard des biens dotaux. (Art. 1561).

Ce qui nous paraît devoir éteindre l'ardente controverse, née sur cette question dans l'ancien Droit, et malheureusement négligée par l'ordonnance, c'est que dans notre législation moderne un tuteur est là qui veille à l'exécution de la substitution; l'art. 1075 le déclare responsable si, *en général*, il n'a pas fait toutes les diligences nécessaires pour que la charge de restitution soit bien et fidèlement exécutée. Il devra donc veiller à ce que la prescription ne coure pas contre les appelés (V. anal. art. 1562). M. Bugnet, qui admet que la prescription s'accomplisse contre l'appelé, paraît être amené à cette solution par la présence du tuteur, innovation heureuse de notre Code. (V. sa note sur le nº 158 de Pothier.) Domat, liv. V, tit. m, admettait cette opinion, encore qu'il n'y eût pas, de son temps, de tuteur à la substitution. « Si un tiers possesseur de bonne foi d'un bien sujet à un fidéicommis avait acquis la prescription, en y comprenant le temps qui aurait couru contre l'héritier chargé du fidéicommis, le fidéicommissaire ne pourrait déduire ce temps, prétendant que la prescription n'aurait pu courir contre l'héritier à son préjudice. Car l'héritier, qui était le maître du bien, devait agir pour interrompre la prescription ; et le fidéicommissaire pouvait aussi, de sa part, veiller à son intérêt. Et il en serait de même si c'était quelque droit de l'hérédité qui, faute de demande de la part de l'héritier, se trouvât prescrit[1]. » Pothier se prononçait également pour l'affirmative. (N°s 155 et 156.)

Lorsque l'événement qui doit ouvrir la substitution se réalise, le droit de propriété qui appartenait au grevé et les droits qu'en conséquence de ce titre il avait pu consentir sur les biens à rendre, se trouvent résolus (art. 2125). La saisie et la vente des biens substitués, auxquelles les créanciers personnels du grevé auraient fait procéder, ne pourraient porter atteinte au droit des appelés.

Une exception à cet anéantissement des droits du

---

[1] Comp. en droit romain l. 70, § *ult.* *ad S. C. Treb.* On y voit que l'action qui appartenait à l'auteur de la substitution pouvait être prescrite par le débiteur ; mais les *biens* aliénés par l'institué ou par les substitués grevés ne pouvaient se prescrire.

grevé par l'arrivée de la condition résolutoire se présente dans l'art. 1054.

Plus rigoureux que ne l'était l'ancien Droit dans la restriction de l'hypothèque subsidiaire de la femme du grevé sur les biens à rendre, le Code ne lui donne plus de recours que pour le capital des deniers dotaux, et cela sur la volonté expresse du testateur. Sous l'ordonnance, le recours existait de plein droit, non-seulement pour le fonds ou capital de la dot, mais encore pour les frais ou intérêts qui en pouvaient être dus, et aussi tant pour le fonds que pour les arrérages du douaire, soit coutumier, soit préfix[1]. (Comp. art. 1054 et art. 44, 45 de l'ord. de 1747.)

EN QUOI LE GREVÉ DIFFÈRE DE L'USUFRUITIER.

Nous avons dit qu'on a souvent comparé le grevé à un usufruitier. (V. décret du 9 fructidor an II. — Bigot de Préameneu.) En effet, comme l'usufruitier, le fiduciaire a un droit temporaire; comme lui, il est surtout avide de jouir, peu intéressé aux travaux d'amélioration... Mais, encore une fois, c'est là une assimilation dont il ne faut pas abuser en l'exagérant.

Car des différences assez saillantes viennent en altérer la justesse.

Je veux bien qu'à l'exemple de l'usufruitier (601), ou, en termes plus généraux, comme tout homme tenu à la conservation d'une chose (art. 1137 et 800), le

---

[1] M. Valette, *Privilèges*, p. 240. Comp., art. 952, C. N.

grevé soit astreint aux soins d'un bon père de famille.

Mais, si l'usufruitier n'est pas obligé de faire les grosses réparations (art. 605), le grevé doit faire les réparations de toute sorte, sauf, en ce qui touche les grosses, à répéter le montant de ses impenses contre les appelés lors de l'ouverture de leur droit, ou à se faire autoriser par justice à contracter un emprunt dont le capital sera à leur charge.

L'usufruitier qui prétend avoir fait des améliorations ne peut, à la cessation de l'usufruit, réclamer aucune indemnité pour ces améliorations (encore que la valeur de la chose en fût augmentée art. 599, C. N.) Il s'agit là de ce qu'on appelle les impenses utiles. Pothier accordait au grevé pour les impenses le droit de réclamer le remboursement de ses avances, *seulement jusqu'à concurrence de ce que l'héritage se trouve être de plus grand prix.*

Décision pleine de sagesse et justifiée par ce titre de propriétaire qu'avait le grevé, titre qui donnait à son administration plus de latitude que n'en comporte le droit restreint de l'usufruitier.

« Lorsque les fruits des héritages sujets à la substitution se sont trouvés pendants lors de l'ouverture de la substitution, et sont en conséquence recueillis par le substitué, il doit être fait raison au grevé des labours et semences : car le grevé a fait l'affaire, a été le *negotiorum gestor* de l'appelé qui devait les recueillir. »

Solution donnée par Pothier, que suivent encore aujourd'hui la plupart des interprètes du Code, et qui nous révèle une différence nouvelle de la situation du grevé avec celle de l'usufruitier.

L'usufruitier peut être privé de son droit pour abus de jouissance (art. 618); nous n'étendrions pas une telle peine au grevé qui abuserait de sa *jouissance* (art. 1055), malgré tout ce qu'on pourrait déduire en faveur de cette extension de la disposition pénale de l'art. 1057[1].

DE L'OUVERTURE DES DROITS DES APPELÉS.

Étudier comment le droit du grevé peut prendre fin, c'est se demander en même temps comment s'ouvrira celui des appelés. L'art. 1055 nous dit en effet : «Les droits des appelés seront ouverts à l'époque où, par quelque cause que ce soit, la jouissance de l'enfant du frère ou de la sœur, grevés de restitution, cessera. »

Quelles peuvent être les causes de cette cessation?

La mort du grevé est celle qui se présente le plus naturellement à l'esprit. (V. art. 1051.) — Thévenot nous apprend qu'il en est déjà ainsi de son temps : «Nos substitutions ne se font communément que pour avoir lieu après la mort du grevé, ce qui les rend conditionnelles; » —et ailleurs : «Le grevé est présumé n'avoir été chargé de rendre qu'à sa mort, à moins qu'il n'y ait dans la substitution quelque terme ou quelque circonstance qui indique le contraire. »

Depuis la loi du 31 mai 1854, abolitive de la mort civile, la mort naturelle seule du grevé peut donner

[1] Comp., sur ce point, Mourlon, t. II, p. 271.

ouverture au droit des appelés. Nous les supposons survivants, car le prédécès de tous les appelés rendrait la
substitution caduque, quand bien même les appelés ou
quelques-uns d'entre eux auraient laissé des enfants.
Ce ne serait pas là le cas d'appliquer l'art. 1051, qui
prévoit le concours d'appelés au premier degré avec
des descendants d'un enfant prédécédé et fait arriver
ces derniers par représentation de leur père. C'est ce
que ne paraissent pas avoir compris MM. Delvincourt
(p. 402, t. II) et Vazeille.

A la mort du grevé s'ajoutent d'autres causes d'ouverture de la substitution. Notre art. 1055 en prévoit
une : c'est l'abandon anticipé de la jouissance au profit
des appelés ; abandon qui ne porte aucune atteinte au
droit des créanciers du grevé antérieurs à la remise.
Cette restitution anticipée ne pouvant préjudicier aux
tiers, ni, pour parler le langage de Pothier, équipoller
vis-à-vis d'eux à l'ouverture de la substitution, nous en
tirerons les conséquences que ce jurisconsulte dédui-
sait lui-même du texte de l'ordonnance[1], à la vérité plus
explicite que l'art. 1055. « L'appelé ne pourra, avant
l'accomplissement de la condition, revendiquer les héritages sujets à cette substitution contre les tiers acquéreurs qui les tiendraient du grevé avant la restitution

---

[1] L'ordonnance de 1747 décidait comme le Code que la restitution anticipée du fidéicommis ne pourrait nuire aux créanciers du grevé. Ce
parti, disait Thévenot, est certainement plus sage que celui des Romains.
En effet, sans cela, combien de grevés qui, au moyen d'une paction se-
crète avec les substitués, leur remettraient les biens d'avance pour faire
tort à des créanciers légitimes !

anticipée. Les créanciers hypothécaires du grevé, antérieurs à la restitution, peuvent, *pendente conditione*, exercer leur droit d'hypothèque sur les biens substitués; les créanciers chirographaires du grevé, devenu insolvable par le fait de la remise anticipée, pourront exercer l'action paulienne contre le substitué, et se venger sur les biens restitués.» (V. l. 17, *quæ in fraud.*) L'espèce de cette loi romaine offre une grande analogie avec celle que nous prévoyons : il s'agit (l. 17) d'un mari qui avait, en fraude de ses créanciers, avancé le temps de la restitution de la dot de sa femme.

Les appelés non conçus lors de l'abandon anticipé, et qui existeront au moment de l'accomplissement de la condition, auront droit aux biens substitués; par rapport à ces appelés, l'ouverture de la substitution n'avait été que provisoire, sans quoi l'ordre établi par le disposant eût été détruit par l'attribution à quelques privilégiés de biens qu'il destinait à tous.

Ainsi trois enfants appelés, vivants au moment de l'abandon anticipé, et un quatrième appelé, conçu et né depuis cet abandon : le grevé meurt; sa mort était la condition dont il avait fait remise par l'abandon anticipé. Les quatre appelés survivent-ils au grevé, le dernier-né a droit à un quart des biens pris sur la part attribuée à chacun des trois autres. Les trois appelés (vivants lors de l'abandon) meurent-ils avant le grevé; le quatrième enfant qui survit prend le tout (en supposant que les trois appelés soient décédés sans postérité, art. 1051). Ce que ne paraît pas avoir compris M. Mourlon. (Conf., Zachar., Aubry et Rau, t. VI, p. 59.)

Mort du grevé, restitution anticipée, déchéance prononcée contre le grevé qui n'a pas fait nommer de tuteur (art. 1051, 1055, 1057), tels sont les cas d'ouverture du droit des appelés que les textes de notre chapitre nous révèlent.

Nous devons y ajouter la révocation de la donation ou du legs qui viendrait atteindre le grevé, par application des art. 954, 955 et 1046; les biens iraient alors trouver les appelés, sauf le cas où les appelés seraient à naître, auquel cas le donateur rentrerait provisoirement en possession.

Le Code, dans les articles que nous avons cités comme mentionnant des cas d'ouverture de la substitution, ne s'occupe, à proprement parler, que de *cessation de jouissance*. (Art. 1055.) Mais, si le grevé n'a pas joui, si l'institution en premier ordre a été pour lui un bienfait illusoire (par suite de son prédécès ou de sa répudiation), les droits des appelés vont-ils s'ouvrir sans retard, ou la caducité du legs en premier ordre frappe-t-elle de mort la substitution?

Eh quoi! parce que l'héritier grevé sera mort avant le testateur, faudra-t-il annuler la substitution? En droit romain, dans les pays de droit écrit, la décision était logique, parce que, pour les deux législations, c'était l'institution qui faisait la force du testament (*caput et fundamentum*); et si, lors de la mort du disposant, il n'y avait pas d'institution faute d'héritier, c'en était fait de la substitution.

Mais nous qui suivons l'usage des pays coutumiers, et ne reconnaissons d'autres héritiers que ceux appelés par la loi, nous devons dire : La disposition en second ordre est valable, le droit des appelés est ouvert, Tel était le sentiment de Ricard (ch. III, n° 96, n° 97); l'ordonnance de 1747 avait confirmé ce principe (art. 27, tit. I.)

Sur quoi va porter le droit des appelés ? sur la substitution telle que l'avait créée le disposant, ou sur la substitution transformée, réduite aux proportions d'une disposition directe? Pour moi, je pense qu'il faut traiter cette disposition en second ordre, en lui donnant les effets d'une substitution fidéicommissaire (sans distinguer entre le cas de prédécès et celui de répudiation).

La pensée du testateur a été de faire une substitution fidéicommissaire; c'est conformément à sa volonté que les choses doivent se passer. Pothier le dit en termes formels. « Dans nos pays coutumiers, où nous n'avons pas d'institution d'héritier d'où dépendent nos testaments, et nos testaments n'étant proprement que des codicilles *ab intestat*, et n'ayant d'autres héritiers que ceux qui sont appelés par la loi, —il est évident que les substitutions testamentaires ne peuvent jamais recevoir d'atteinte, soit de l'héritier, soit de la part des légataires universels qui en sont grevés, car, soit que l'héritier ou légataire, ou donataire universel ou particulier qui a été grevé de la substitution universelle ou particulière *précède*, soit qu'il *répudie* la succession, son legs ou son don universel ; ceux qui recueilleront les biens à leur

défaut, ou en leur place, ou même la succession va-
cante, seront tenus des *substitutions*. Au reste, ils n'en
sont tenus que *sous les mêmes conditions* qui ont été apposées à la substitution. »

Pothier, on le voit, ne distingue pas entre le cas de
caducité du legs et celui de la répudiation, et les personnes qui seront tenues de fournir le legs aux appelés feront leur prestation sous les conditions apposées
au fidéicommis.

Que le grevé ait vu cesser sa jouissance (art. 1053),
ou que, dans les deux cas indiqués, il n'ait jamais pos-
sédé les biens substitués, le droit des appelés s'est ouvert. Les voilà investis d'une propriété définitive, iné-
branlable.

Est-ce à dire qu'ils aient une saisine légale, semblable à celle de l'héritier légitime, ou du légataire
universel lorsqu'il n'y a pas d'héritier à réserve? (Articles 724 et 1006.) Je crois qu'il faut dire, comme Pothier : Le grevé ou ses héritiers, nonobstant l'ouverture de la substitution, demeurent non plus propriétaires, mais possesseurs des choses substituées, et c'est du
grevé ou de ses héritiers que le substitué doit en obtenir délivrance.

L'ordonnance de 1747, dans son art. 40, refusait
formellement la saisine de droit au fidéicommissaire,
même à titre universel. Avant l'ordonnance, on jugeait
en quelques pays que le fidéicommissaire universel
était saisi de droit, tant de la propriété que de la possession, comme étant assimilé à l'héritier.

Quant aux fruits postérieurs à l'ouverture du fidéicommis, nous ne les accorderions au substitué qu'à partir de la délivrance ou de la demande en délivrance. Telle était la doctrine de Pothier, celle de Thévenot, qui disait (n° 662) : ce n'est pas, dans nos mœurs, la propriété acquise qui donne les fruits, c'est la possession acquise ou demandée. (V. d'ailleurs l'ordonnance de 1747, art. 40, tit. I.)

M. Bugnet propose d'admettre, de nos jours, cette théorie de l'ordonnance, conforme à l'opinion de Pothier, de Thévenot et de Ricard ; elle trouverait au besoin son point d'appui dans l'art. 1014 de notre Code civil (2ᵐᵉ alinéa; et j'ajouterai, encore bien qu'il soit spécial au légataire particulier; car nous avons vu que la substitution, fût-elle universelle, il n'y aurait pas lieu de l'escorter de la saisine. Il est bien entendu que, lorsque le droit s'ouvre par la mort du grevé, les appelés ne sont pas tenus de demander la délivrance s'ils acceptent la succession de leur père : car ils sont alors saisis de leur droit comme héritiers. (Art. 724 et 777.)

Sauf le cas de l'art. 1053, où nous avons vu que les tiers ne devaient pas souffrir de la restitution anticipée, sauf l'exception de l'art. 1054, en faveur de la femme du grevé, les appelés, armés de leur titre de propriétaires, vont pouvoir revendiquer contre les tiers possesseurs, faire tomber servitudes, hypothèques, charges réelles consenties par le grevé, poursuivre les radiations d'inscriptions hypothécaires; car la condition résolutoire s'est accomplie, et a elle remet les choses au même état que si le droit n'avait pas existé. » (V. art. 1183, 2125.) — Quant aux baux passés par le grevé, nous dirions, par analogie de ce que la loi décide pour les baux passés par l'acheteur à pacte de rachat, lui aussi propriétaire sous condition résolutoire : — Le substitué subira les baux passés sans fraude par le grevé (Anal., art. 1673, 1743, *in fin.*) — La fraude ressortirait, par exemple, d'un bail passé longtemps avant l'expiration du bail courant (Arg. de l'art. 1430,) etc.

Après ce qui regarde l'ouverture des substitutions, Pothier consacre, dans son traité, une section à leur extinction.

L'appelé vient-il à mourir avant l'ouverture, ou est-il incapable de recueillir lors de l'ouverture, on dit que la substitution s'éteint *de la part du substitué.*

On peut concevoir encore que le substitué répudie (même avant l'ouverture), quoique le droit ne soit pas encore ouvert à son profit : tout au moins renonce-t-il à son espérance. — Conformément aux lois romaines (L. 21, *de pactis*, § 4, D. ; l. 10, *de pactis*, Cod.), les jurisconsultes de l'ancien Droit pensaient que la répudiation était valable, lorsqu'elle résultait d'une convention avec le grevé.

Au temps de Pothier, comme au nôtre, si la convention avait lieu du vivant du substituant, elle serait radicalement nulle. Cependant, sans oser la repousser comme illicite, d'excellents jurisconsultes ne lui sont pas favorables, même si elle intervient après la mort

du disposant; ils y trouvent, même dans ces conditions, l'image d'un pacte sur une succession future.
(Art. 1130 [1].)

Toullier, qui croit la convention très-valable sous
l'empire du Code, exige que, lorsqu'elle sera faite avant
l'ouverture, elle soit consignée dans un acte notarié
passé avec le grevé, et qu'il en reste minute, à peine
de nullité. Telle était la disposition de l'art. 28 de
l'ordonnance de 1747.

L'extinction des choses sujettes à la substitution
(sans le fait ni la faute du grevé) mettra fin au fidéicommis.

La défaillance des conditions apposées à la substitution sera une cause d'extinction.

Une condition est défaillie quand il est sûr qu'elle
n'existera pas. Par exemple, dit Pothier, si on m'a
chargé de rendre à mon fils les biens qu'on m'a légués,
lorsqu'il se mariera, la condition de la substitution
défaillit s'il se fait prêtre, car il est certain qu'il ne se
mariera pas, en étant devenu incapable par la prê-
trise.

Cet exemple de Pothier n'aurait pas aujourd'hui de
valeur, dans l'opinion de ceux qui regardent le prêtre
comme capable de se marier et pensent que la mort du
grevé doit être un élément essentiel de la substitution
(même permise [2]). — Aux yeux de certains juriscon-

[1] Voir M. Bugnet sur Pothier, p 527, note 1.

[2] M. Bugnet dit à propos de l'exemple donné par Pothier : « C'est un
legs conditionnel. »

sultes, l'idée qu'une substitution peut s'ouvrir lors de l'arrivée de telle époque prévue, qui ne sera pas la mort du grevé, paraît des plus naturelles et ne souffrir nulle difficulté. (Sic, M. Duranton, Vazeille.) D'autres auteurs ne voient pas de substitution en dehors du cas où le fidéicommis s'ouvre au décès du grevé. Il faut bien cependant reconnaître que, dans l'ancien Droit, d'autres événements que celui de la mort du grevé pouvaient donner ouverture à la substitution. Si, pour les fidéicommis permis, nous nous référons, dans le silence de nos textes, aux règles de l'ancienne jurisprudence, devra-t-on les abandonner sur ce point? Après une longue hésitation sur la solution de cette question, je crois devoir décider qu'il faudra nous en tenir uniquement au décès du grevé. — L'ancien Droit accueillait les substitutions avec faveur : nous les voyons avec défiance et les autorisons, malgré nous, dans de très-étroites limites. Si l'ancien Droit ne craignait pas de les multiplier, nous devons être très-sévères à les admettre. (V. Cep., M. Demolombe, *Donat.*, t. I, p. 112 et 113.)

MAJORATS. — EXTENSION DONNÉE PAR LA LOI DU 17 MAI 1826 A LA FACULTÉ DE SUBSTITUER. — LOIS DE 1835 ET DE 1849.

Tout ce que nous venons d'étudier, c'est dans le Code civil de 1805 que nous l'avons trouvé. L'esprit démocratique avait, nous l'avons déjà dit, présidé à l'abolition des substitutions fidéicommissaires, et la raison sanctionnait les exceptions apportées par les art. 1048 et suiv., à la règle prohibitive de l'art. 896.

Mais la main de l'Empereur ne tarda pas à altérer l'œuvre du premier consul, pur reflet des principes au nom desquels une immortelle révolution s'était accomplie. Aux beaux jours de la République, du Consulat, avait succédé l'Empire. Bonaparte, qui se sentait fort, crut pouvoir rappeler les formes de l'ancien régime, et voulut recréer une noblesse nouvelle.

Et voilà comment apparurent les majorats dans un Code qui venait de prohiber les substitutions. (Art. 896.)

Les Romains ne les avaient pas connus; on les vit poindre aux temps de Pépin et de Charlemagne, en Italie, d'où ils passèrent en Espagne pour s'y développer et y jouir d'un très-grand crédit. Dans les provinces françaises qui retinrent, même après l'ordonnance de 1560, l'usage des substitutions à l'infini, on retrouva des substitutions perpétuelles, qualifiées de majorats, régies non par les règles espagnoles, mais par les principes qui gouvernaient les fidéicommis ordinaires. 89 les supprima.

Napoléon résolut de les relever. C'était lui cependant qui avait dit des substitutions qu'elles étaient contraires à l'intérêt de l'agriculture, aux bonnes mœurs, à la raison[1]. Singulière inconséquence ! mais les gouvernements ne se piquent pas toujours d'une excessive logique.

[1] Séance du 27 janvier 1803.

Quel était l'objet des majorats? ils étaient destinés à former la dotation des titres héréditaires que l'Empereur venait de rétablir.

Un décret du 30 mars 1806 les établit, mais ce décret érige à l'étranger seulement, en *fiefs majoralisés*, des provinces conquises par le moderne César. — Pour annoncer à la France de la Révolution qu'on n'entendait pas abdiquer l'esprit de 89, ni répudier ses conquêtes, on eut soin d'insérer dans les actes de dotation que les titulaires des terres titrées n'auraient pas de supériorité personnelle sur leurs concitoyens, pas plus que les terres elles-mêmes n'avaient de prééminence sur les autres domaines. On prononçait le mot *fiefs*, il fallait expliquer qu'on ne voulait pas rappeler la féodalité, ni abandonner les principes écrits au titre des servitudes dans les art. 638 et 686.

Ce fut le Sén. cons. du 14 août 1806 qui introduisit les majorats sur notre territoire français. — La principauté de Guastalla avait été cédée au royaume d'Italie par la princesse Pauline et le prince Borghèse son époux. Le Sén. cons. portait que, du produit de cette cession et en remplacement, il serait acquis des biens dans le territoire de l'empire français; aux termes de l'art. 2, ces biens seraient possédés par les cédants et les descendants nés de leur mariage, de mâle en mâle, quant à l'hérédité et à la réversibilité, quittes de toute charge de la même manière que devait l'être la principauté cédée.

Puis, dans l'art 5, longtemps inaperçu, se trouvait

cette disposition générale, qui révélait les projets de futur agrandissement qui allaient se réaliser pour l'institution nouvelle : « Quand Sa Majesté le jugera convenable, soit pour récompenser de grands services, soit pour exciter une utile émulation, soit pour concourir à l'éclat du trône, elle pourra autoriser un chef de famille à *substituer* ses biens libres pour former la dotation d'un titre héréditaire que Sa Majesté exigerait en sa faveur, réversible à son fils *aîné*, né ou à naître, et à ses descendants *en ligne directe*, de mâle en mâle, par ordre de primogéniture. »

L'éclat du trône, l'intérêt de la couronne, le désir de récompenser d'éclatants services, et, comme le disent deux ou trois décrets de dotation, le bien des peuples, tels étaient les mobiles qui dirigeaient l'Empereur, lorsque, improvisant des nobles et des rois autour de lui, il leur donnait de si précieux témoignages de sa *bienveillance*. (V. le préambule du décret organique du 1er mars 1808 et un décret de dotation au profit de Berthier, cousin de Napoléon.)

Les majorats ne pouvaient se composer que de biens immeubles libres de toutes charges et hypothèques ; les rentes sur l'État, les actions de la Banque de France, étaient également admises après leur immobilisation.

Les majorats se divisaient en majorats de propre mouvement (lorsque la totalité de la dotation du titre était accordée par l'Empereur) et en majorats sur demande, lorsqu'ils étaient créés par des chefs de famille sur l'autorisation de l'Empereur.

Les biens qui formaient les majorats étaient inalié-
nables; ils ne pouvaient être engagés ni saisis. —
Tout acte de vente, donation ou autre aliénation de
ces biens par le titulaire, tout acte les frappant de privilége ou d'hypothéque, était nul de plein droit. L'Empereur se réservait néanmoins d'autoriser et même
d'ordonner, quand les circonstances lui paraîtraient
l'exiger, l'aliénation des biens situés hors de son empire, et par lui affectés à la dotation d'un titre, pour
être remplacés par des biens situés en France.

Les titulaires qui avaient formé eux-mêmes la dotation pouvaient obtenir, s'il y avait nécessité ou utilité, l'autorisation de changer en tout ou en partie
les biens qui la composaient. (V. décret du 1er mars
1808, art. 51, et suiv.)

M. Troplong, appréciant l'institution des majorats,
trouve dans la nécessité imposée aux chefs de famille
d'obtenir l'octroi de l'Empereur, un préservatif contre
tout abus, et, quoiqu'il reconnaisse que le travail, de
nos jours, a conquis ses titres de noblesse (lesquels
valent bien des majorats), le savant jurisconsulte ne se
sent pas le courage d'être trop sévère à l'égard de ces
substitutions forcément restreintes, et « qui d'ailleurs
ont contribué à maintenir avec honneur quelques
beaux noms du règne de Napoléon Ier. »

La Restauration, qui fit peu d'emprunts à l'Empire,
se garda bien néanmoins de rejeter une institution
qui donnait au principe aristocratique un incontestable prestige. Elle lia les majorats à l'hérédité de la

pairie. Art. 1ᵉʳ : « A l'avenir, nul ne sera par nous appelé à la Chambre des pairs, *les ecclésiastiques exceptés*, s'il n'a, préalablement à sa nomination, obtenu de notre grâce l'autorisation de former un majorat, et s'il n'a institué ce majorat aux termes de l'art. 5 de l'ordonnance du 25 août 1817. » Les majorats de pairs étaient transmissibles à perpétuité, avec le titre de la pairie, au fils aîné, né ou à naître, du fondateur du majorat, et à la descendance naturelle et légitime de celui-ci de mâle en mâle et par ordre de primogéniture, de telle sorte que le majorat et la pairie fussent toujours réunis sur une même tête.

La révolution de 1830 survint : elle mit sur le trône un roi citoyen qui avait aimé la Révolution française, arboré ses couleurs, combattu dans ses rangs. L'hérédité de la pairie fut abrogée par une loi du 20 décembre 1831, et, comme M. Dupin l'a fait remarquer, dès ce moment il ne fut plus nécessaire de constituer des majorats pour servir de *véhicule* à la dignité de pair. Aussi les pairs qui avaient constitué des majorats en vue de transmettre leur titre de pairie à leurs enfants furent les premiers à demander qu'on rendît la liberté à leurs biens, parce que le motif qui avait fait créer ces majorats n'existait plus.

De là à l'abolition des majorats eux-mêmes il n'y avait qu'un pas à faire ; la loi du 12 mai 1835 fit ce pas. — Elle interdit à l'avenir toute institution de majorats. — Les majorats fondés jusqu'à ce jour avec des biens particuliers ne purent, aux termes de l'art. 2 de la loi, s'étendre au delà de deux degrés, l'institution non comprise. Nul débat sérieux ne s'éleva au sujet des majorats de propre mouvement. Comme ils se composaient de biens dont le retour au profit de l'État était de droit, en cas d'extinction de la lignée mâle dans les familles dotées de majorats, on ne pouvait, sans léser la nation, consolider ces biens en les déclarant disponibles entre les mains de leurs détenteurs actuels. Et, comme on ne pouvait aussi sans injustice dépouiller les familles des immeubles, rentes et actions dont la jouissance leur avait été donnée, il fallait laisser subsister cette espèce de majorats jusqu'à l'accomplissement de la condition qui les devait résoudre, c'est-à-dire jusqu'à l'extinction de la lignée mâle.

La Restauration ne s'était pas bornée à maintenir, en le fortifiant, le legs que lui avait fait l'Empire. Elle vint porter une main qui nous semble téméraire sur l'œuvre primitive des rédacteurs de notre Code civil, en reculant les bornes des substitutions, telles que les avaient tracées les art. 1048, 1074.

Le gouvernement voulut, en rajeunissant les débris du passé, rétablir le droit d'aînesse, privilége disparu depuis trente-six ans, ignoré des générations nouvelles [1] ; le projet portait que dans toute succession déférée à la ligne directe descendante, et payant trois cents

---

[1] Dumoulin, sur la cout. de Paris, disait du droit d'aînesse : *Consuetudo de jure primogenituræ est exorbitans et contra jus commune, et videtur tam odiosa, quam fratrum concordia et æqualitas (cui derogat) est favorabilis et amplianda.*

francs d'impôt foncier, si le défunt n'avait pas disposé de la quotité disponible, cette quotité serait attribuée à titre de préciput légal, au premier-né des enfants mâles du propriétaire décédé. La loi avait pour but d'opposer une digue aux progrès sans cesse croissants de la démocratie (mot alors odieux) et de donner contre celle-ci, à la royauté, le nécessaire concours d'une classe de citoyens grands propriétaires. Le droit d'aînesse ne passa pas, malgré les efforts d'orateurs auxquels déplaisait « notre Code des successions rédigé dans un sens complétement antimonarchique, Code qui fait une guerre à mort à la famille, et se plaît, avec une sorte de fureur, à détruire tous nos souvenirs. » Mais ces vivacités oratoires ne contribuèrent pas à faire triompher une conception malheureuse, rétrograde, contraire au droit naturel et aux idées d'égalité que 89 avait jetées dans les cœurs et gravées dans nos lois. — L'art. 1ᵉʳ de la loi nouvelle, qui consacrait le préciput légal au profit du premier-né des enfants mâles du défunt, fut rejeté.

Toutefois, si le droit qui divisa Ésaü et Jacob fut repoussé, l'extension donnée aux dispositions permises par nos art. 1048 et suivants, fut adoptée par 160 voix sur 215. Ce fut la loi sur les substitutions, du 17 mai 1826.

1° Elle autorisait les substitutions, non-seulement en faveur des petits-enfants du disposant, ou des enfants de ses frères ou sœurs, mais en faveur de tout donataire ou légataire, même étranger. (Comp. art. 1048, 1049.)

2° Elle ne subordonnait plus, pour les frères et sœurs, la faculté de substituer à la condition de leur décès sans enfants. (Comp. art 1049.)

3° Elle permettait la substitution graduelle, autorisait deux degrés de restitution. (Ici les deux degrés ne signifient plus les degrés de parenté, mais de substitution. Le premier appelé peut jouer le rôle de grevé-*contra*, art. 1049 et 1051.)

4° Elle permettait d'établir la charge de rendre dans l'intérêt exclusif d'un ou de plusieurs enfants du grevé, de son aîné par exemple. (Comp. 1048, 1049 et 1050.)

Il est à remarquer que, même sous la loi de 1826, les appelés sont toujours les enfants et descendants du grevé.

La loi de 1826 fut un bienfait dont les pères de famille firent un très-sobre usage, tant les mœurs de la nation s'étaient empreintes de l'esprit démocratique contre lequel venait se briser la résurrection malhabile du passé.

Lors de la loi du 12 mai 1835, qui interdisait les majorats à l'avenir, on voulut prononcer, du même coup, l'abolition de la loi de 1826. La Chambre des députés vota cette abrogation. La Chambre des pairs s'y opposa. « Qu'est-il besoin, disait le rapporteur, d'abroger une loi récente dont l'exécution n'a pas encore montré les inconvénients? Le mal futur qu'elle pourrait faire, s'il est vrai qu'elle en fit, est-il si grave qu'il faille se hâter de le prévenir? On ne fait pas, on en convient, de substitutions. Ne vous inquiétez donc pas de la loi par laquelle vous les avez autorisées; ne vous rétractez pas sans raison, et laissez-la tomber en désuétude, s'il est vrai qu'il n'est pas dans les mœurs actuelles de faire des substitutions! »

Pour ne pas compromettre le succès de ce qui faisait l'objet principal de la loi de 1835 (l'interdiction des majorats à l'avenir), la Chambre des députés fit à la Chambre des pairs cette concession de ne pas lier à l'abolition des majorats l'abrogation de la loi du 17 mai 1826.

Il était réservé à la révolution de Février de rendre à notre Code civil sa vraie physionomie, que la création des majorats et la loi de 20 avaient étrangement dénaturée.

Une loi de 1849 (7 mai), en abrogeant la loi du 17 mai 1826, a ramené pour l'avenir la faculté de substituer aux conditions établies par le Code Napoléon. Le rapporteur de cette loi fut M. Valette, qui prit une part si active et si féconde aux principales réformes législatives qui s'accomplirent sous les deux assemblées nationales.

La loi de 1849 avait à statuer sur les majorats et les substitutions.

Une proposition de M. de Parieu laissait subsister le *statu quo* en ce qui concernait les majorats formés des biens du domaine extraordinaire; mais il demandait l'abrogation pure et simple de l'art. 2 de la loi de 1835, c'est-à-dire la remise en liberté, entre les mains des détenteurs, des biens affectés aux majorats de biens particuliers[1].

Le rapport de notre savant maître met admirablement en lumière le péril attaché à l'adoption d'une telle proposition. M. Valette se demande, avant toute chose, s'il n'y a pas de droit acquis qui s'impose au respect du législateur, si les appelés déjà nés ou conçus lors de la promulgation de la loi nouvelle, n'ont pas une expectative légitime, et qu'il faille leur réserver, sous peine de contrevenir au principe de l'art. 2, C. N. Le rapporteur arrive à conclure que l'appelé a un droit acquis, encore bien que conditionnel, car, dit-il, sous l'empire de la législation actuelle, l'appelé ne peut être dépouillé à l'avance par aucun acte d'aliénation, même à titre onéreux, émané du titulaire. — Situation infiniment moins précaire que celle de l'institué contractuel, que l'on s'accorde à regarder comme investi d'un droit acquis, et qui cependant peut être dépouillé des biens à venir, par actes à titre onéreux (V. art. 1083). La pensée de M. Valette a trouvé sa consécration dans l'art. 2 de la loi du 7 mai 1849.

« Pour l'avenir, la transmission, limitée à deux degrés, à partir du premier titulaire, n'aura lieu qu'en faveur des appelés déjà nés ou conçus lors de la promulgation de la présente loi ; s'il n'existe pas d'appelés à cette époque, ou si ceux qui existaient

[1] Art. 2 de la loi de 1835 : Les majorats fondés jusqu'à ce jour avec des biens particuliers ne pourront s'étendre au delà de deux degrés, l'institution non comprise.

décèdent avant l'ouverture de leur droit, les biens des majorats deviendront immédiatement libres entre les mains du possesseur. »

Ce que l'opposition de la Chambre des pairs avait empêché, lors de la loi de 1855, la loi de 1849 l'accomplit. Je veux dire qu'elle abrogea la loi de 1826. — Pour le législateur de 1849, la question vraiment difficile à résoudre était celle-ci : Que deviendront les substitutions faites en vertu de la loi de 1826? Devra-t-on rendre les biens substitués libres entre les mains des grevés actuels? Prendre un tel parti, ce serait imiter, sans raison bien sérieuse d'en suivre l'exemple, la loi de 1792, loi de réaction violente contre le passé. Le législateur ne se laissera pas aller à ces mesures extrêmes. Art. 9 : les substitutions établies (dans les termes de la loi de 1826) sont maintenues au profit de tous les appelés nés ou conçus lors de la promulgation de la présente loi. L'appelé dont le droit se trouve ainsi maintenu devra souffrir le concours des autres appelés, qui, ayant été conçus, ne pourraient, s'ils étaient seuls, prétendre au bénéfice de la substitution. Si, par exemple, la substitution avait été faite au profit des enfants mâles du grevé, et que, lors de la promulgation de la loi, un seul enfant mâle fût conçu, on devrait faire venir, en concurrence avec celui-ci, tous les autres enfants mâles qui survivraient à leur père. Ne pas admettre ce résultat, ce serait marcher en sens inverse du but que l'on veut atteindre, puisque dans le cas dont il s'agit on aggraverait encore l'inégalité résultant du titre entre les enfants du même grevé, ce qui est inadmissible[1].

Cette loi de 1849 nous ramène enfin à notre Code civil de 1803, et il faut lui en savoir gré. Elle restitue à l'œuvre dont la France a tant de raison d'être fière, sa première pureté, en bannissant de son sein les éléments étrangers à l'esprit de notre âge, qu'une vive hostilité contre l'ère de 89 y avait fait pénétrer. Nous sera-t-il permis de le dire, cette loi de 1849 est bien le reflet de l'époque qui l'a vue naître, du gouvernement sous lequel elle a été portée : pleine de respect pour les droits acquis, mais jalouse de dégager l'avenir d'institutions condamnées par les mœurs de notre pays, elle est bien la fille d'une assemblée qui voulut accomplir son œuvre, sans déposséder ni spolier personne.

Que si, nous dégageant des textes aussi bien que des méditations de leurs savants interprètes, nous interrogeons les publicistes, les philosophes, sur la *moralité* des substitutions fidéicommissaires, nous allons assister à de singulières divergences d'opinions.

Au dernier siècle, Daguesseau, Montesquieu, nous révèlent à cet égard ouvertement leur pensée : Daguesseau s'incline devant la tradition qu'il respecte, tout pénétré qu'il est néanmoins des idées de l'avenir : il porte dans son œuvre de législateur la prudente

---

[1] V. Rapport de M. Valette, n° 20. Comp. art. 0, *in fin.* — V. application de la loi de 1849. Paris, 1850. Cass. 29 juin 1853.

circonspection du magistrat. Il n'aime point les fidéicommis, il le dit à ses amis[1] ; les voir abrogés serait le
comble de ses vœux. Mais il sent qu'il faudrait lutter
contre des têtes qui ne sont pas encore réformées,
cela le décourage, et il s'en remet à l'action du temps,
ce grand destructeur. Réformées ou non, la Révolution qui va sonner saura bien soumettre ces têtes et
les réduire à ses lois.

Montesquieu, dans son livre immortel de *l'Esprit
des lois*, émet sur les substitutions deux opinions différentes : dans les monarchies, il les croit bonnes,
malgré leurs inconvénients qu'il ne se dissimule pas.
Il comprend qu'elles gênent le commerce, tout de
même que les retraits lignagers ont l'inconvénient de
faire naître des procès ; mais, si le retrait lignager est
une source féconde de contestations, Montesquieu les
estime nécessaires, car le retrait rend aux familles
nobles les terres que la prodigalité d'un parent aura
aliénées. C'est ainsi que les substitutions conservent
les biens dans les familles, et, l'honneur étant (d'après
Montesquieu) le principe du gouvernement monarchique, les lois doivent tendre à soutenir la noblesse dont
l'honneur « est l'enfant et le père. » Or, les substitutions sont un instrument de perpétuité nobiliaire,
donc il les faut encourager là où la noblesse occupe le
premier rang.

Mais dans l'aristocratie, d'après le même publiciste,

---

[1] V. la lettre précitée au président d'Aix.

pas de substitutions, pas de majorats, pas même d'a-
doption. Montesquieu pense qu'il faut que les nobles
payent leurs dettes, et cela dans l'unique vue de prévenir leur pauvreté. Il ne veut pas, d'autre part, les
voir trop riches : or la substitution accordait le privilége de se jouer de ses créanciers, en donnant au
grevé les apparences d'un crédit imaginaire.

Pourquoi ces distinctions chez l'auteur de *l'Esprit
des lois*, suivant que la forme du gouvernement sera
monarchique ou aristocratique? Je me demande si
l'on ne doit pas s'expliquer ces distinctions à l'aide
des principes que Montesquieu a formulés lui-même
dans son livre. Je crois que là est le mot de l'énigme.
Ne savons-nous pas qu'il souhaite de la vertu dans
l'aristocratie, comme il l'exige impérieusement dans
les gouvernements populaires, sans en dispenser toutefois ceux qui ne le sont pas? Dans son chap. iv (du
principe de l'aristocratie), il débute en ces termes :
« Comme il faut de la vertu dans le gouvernement populaire, il en faut dans l'aristocratique. » Et ailleurs :
« Si, dans l'aristocratie, le peuple est vertueux, on y
jouira à peu près du bonheur du gouvernement populaire, et l'État deviendra puissant. Mais, comme il est
rare que là où les fortunes des hommes *sont si iné-
gales*, ils aient beaucoup de vertu, il faut que les lois
tendent à donner, autant qu'elles peuvent, un esprit
de modération et cherchent à rétablir cette inégalité
que la constitution de l'État ôte nécessairement.»

Je puis me tromper sur la pensée de Montesquieu,

mais je crois que nous devons à présent savoir pourquoi l'éminent publiciste bannit les substitutions de l'aristocratie. Il y souhaite de la vertu : les substitutions ne sont-elles pas, pour rappeler les paroles de Napoléon, contraires aux *bonnes mœurs, à la raison* ? Il veut de l'égalité dans les lois qui régissent l'aristocratie : les substitutions ne consacrent-elles pas l'inégalité la plus flagrante ?

On se prévaut d'ordinaire de l'autorité de Montesquieu en faveur des substitutions. C'est être bien téméraire ! Tenir une institution pour incompatible avec les principes de vertu et les idées d'égalité, n'est-ce pas condamner l'institution ? Montesquieu lui paraît plus favorable, lorsqu'il la trouve adaptée au système monarchique. Mais n'oublions pas qu'il porte ce jugement, en ayant les yeux sur la monarchie de son temps, et que, « tout de même que Platon remerciait le ciel de ce qu'il était né du temps de Socrate, il rend grâce à Dieu de l'avoir fait naître dans le gouvernement où il vit[1]. »

Je crois donc qu'il faut tenir Montesquieu pour très-peu favorable aux substitutions; M. Berlier, au conseil d'État, fit observer que Montesquieu n'approuvait les substitutions qu'en faveur des nobles, et que, s'il pouvait revenir parmi nous, il rejetterait tout système de substitution comme inconciliable avec le régime actuel, et ne présentant plus que les inconvénients qui

---

[1] Préface de l'*Esprit des Lois*.

résultent de propriétés *sans maîtres* et de la gêne du commerce, inconvénients que ce publiciste indique.

Au dix-neuvième siècle nous avons à enregistrer sur cette grave matière l'opinion de M. de Chateaubriand; pair de France, il exprime le vœu qu'on rétablisse pour les pairs l'usage des substitutions par ordre de primogéniture. Elles lui paraissent entrer dans la constitution monarchique. Aussi appelle-t-il, avec des accents de mélancoliques regrets, et les substitutions et leur appendice obligé, le retrait lignager. Il cite même les poëtes à ce propos, *stat fortuna domus, et avi numerantur avorum*, car il veut voir revivre, en France, les familles aristocratiques, *barrière et sauvegarde du trône.*

Et, plus près de nous encore, dans un livre, remarquable à plus d'un titre, le comte de Montalembert propose l'Angleterre en exemple à la France. Frappé de l'heureuse influence qu'a exercée l'aristocratie anglaise sur les destinées de sa patrie, en tant que gardienne zélée des libertés publiques, l'éloquent écrivain souhaite à son pays un égal bonheur, et nous conseille, afin d'y atteindre, de faire refleurir parmi nous les institutions du moyen âge.

M. de Montalembert, l'auteur de l'*Avenir politique de l'Angleterre*, déplore ce fait que « la loi française, sans tenir compte de la volonté du père et de la tradition de famille, impose despotiquement l'égalité de partage et la divisibilité indéfinie des héritages.» Mais en quoi notre loi mérite-t-elle cet amer reproche?

La volonté du père qui ne teste pas est que son patrimoine se répartisse également entre ses enfants, sans exclusion, sans préférence (Comp. art. 745) ; la loi qui établit l'égalité entre ces enfants consacre donc la volonté présumée du père, loin de la méconnaître. C'est bien de la loi sur les successions *ab intestat* qu'entend parler M. de Montalembert, car, opposant à notre Code la loi des Anglais, il dit d'elle : « Elle fait du fils aîné de l'homme qui meurt *intestat* le propriétaire exclusif des biens de la succession. »

Chez nous encore le père de famille meurt-il avec un testament, veut-il faire ce que les coutumes appelaient un *enfant chéri*, digne de sa prédilection, il a la ressource que lui offre l'art. 919, dans les limites du disponible, la réserve étant un gage sacré que la loi dérobe à de capricieux entraînements. Et cela encore est l'inégalité, n'en faisons pas le droit commun.

Loin de déplorer l'égalité des partages, la division du sol, j'en vois jaillir la vie d'un pays, la richesse, le mouvement, la fécondité merveilleuse du travail. Voilà ce que nous devons à notre Code civil et à la Révolution, dont il est sorti. — Telle est l'idée qu'exprimait notre ancien et bien cher bâtonnier, M. Jules Favre, dans un de ces discours d'adieux qu'il adressait à ses jeunes confrères : « Souvent emporté à travers nos compagnes, j'ai reconnu l'empreinte du Code civil à la bigarrure de nos champs, témoignant par la variété de culture de chaque parcelle, la puissance du principe sur lequel repose notre égalité civile. C'est qu'il est vrai de dire que ce droit est partout, même dans le paysage, quand la main de l'homme y a touché. »

On veut rappeler les substitutions de l'ancienne société, au nom de la liberté de tester. Qu'est-ce qu'une liberté de tester, qui emporte la privation de cette même liberté pour tous les successeurs de celui qui l'exerce? Comme le disait Bigot de Préameneu, « ce n'est plus un simple acte de transport de propriété, c'est faire un acte de législation plutôt qu'exercer un droit privé; c'était, dans sa plus grande latitude, l'exercice de ce pouvoir indéfini que le chef de famille avait chez les Romains, non-seulement sur ses biens personnels, mais encore sur la famille entière! Pouvoir qui était une des bases du système de leur gouvernement, et que ne comporte pas notre législation.» Je crois que Bigot de Préameneu a sainement apprécié les substitutions. Comme à lui, elles me paraissent être en désaccord avec les principes de notre législation, parce qu'elles sont moins l'usage de la liberté de tester que l'abus de cette liberté; parce que, grâce à elle, le présent entreprend sur les droits de l'avenir, en l'enchaînant par avance. Je n'hésite pas à dire que notre Code a bien fait de les prohiber en principe, sauf à admettre en leur faveur de sages exceptions dont on n'aurait jamais dû agrandir le cercle.

PROPOSITIONS

DROIT ROMAIN

I. Le fiduciaire peut, *pendente conditione*, affranchir l'esclave objet du fidéicommis.

II. L'action pignératitienne est déniée au fidéicommissaire parce qu'elle est héréditaire.

III. La loi 92, *de leg.*, 1°, et la loi 88, § 14, *de leg.*, 2°, peuvent se concilier.

IV. En principe, la restitution définitive au profit du substitué n'a pas lieu pour cause d'abus de la part du grevé.

V. Le droit des substitués s'ouvre à des époques différentes, suivant que l'aliénation de la part du grevé est volontaire ou forcée.

VI. La novelle cলix contient une décision spéciale à l'hypothèse qu'elle vise.

VII. Rien, dans la loi 68, *de rei vindicatione*, ne trahit l'interpolation byzantine.

DROIT CIVIL

I. Le légataire universel, en concours avec un réservataire, ou même dans le cas de l'art. 1006, n'est pas tenu des dettes *ultra vires*.

II. Le défaut de transcription ne peut être opposé par les héritiers légitimes du donateur (art. 941).

III. L'adoption n'opère pas la révocation de la donation entre-vifs, comme le fait la naissance de l'enfant légitime.

IV. La donation avec charges n'est pas un contrat synallagmatique.

V. Le droit de retour stipulé au profit du donateur et d'un tiers ne rend pas nulle la disposition tout entière, comme entachée de substitution.

VI. La preuve d'une substitution prohibée ne peut résulter que d'un acte revêtu des formes de la donation entre-vifs et du testament.

VII. Le fidéicommis *de eo quod supercrit* n'est pas une substitution dans le sens de l'art. 896.

VIII. La disposition par laquelle le grevé a reçu du disposant la faculté d'élire le substitué constitue une substitution prohibée.

IX. La disposition de l'art. 618 est inapplicable au grevé.

X. La déchéance prononcée par l'art. 1057 contre le grevé qui n'a pas fait nommer de tuteur est obligatoire pour le juge.

XI. L'héritier donataire sans dispense de rapport ne peut, en renonçant, cumuler la réserve et la quotité disponible.

XII. La quotité disponible entre époux est invariablement fixée par l'art. 1094 C. N.

XIII. La prescription atteint les appelés, même *pendente conditione*.

XIV. La donation de sommes payables après le décès du donateur est valable sans qu'il y ait à distinguer entre le cas où elle a été accompagnée d'une affectation hypothécaire et celui où elle ne l'a pas été.

XV. La séparation des patrimoines n'est pas un obstacle au principe de la division des dettes.

XVI. La substitution vulgaire revivrait dans le cas où le gratifié se ferait restituer contre son acceptation pour dol, minorité, violence.

XVII. Le mari peut, avec le concours de la femme, disposer entre-vifs, à titre gratuit, d'un immeuble de la communauté.

DROIT COMMERCIAL

Les effets de commerce sont transmissibles par la voie de l'endossement, même après leur échéance.

DROIT ADMINISTRATIF

Le jugement correctionnel qui, à l'occasion d'une action en contrefaçon, a statué sur l'exception de nullité ou de déchéance du brevet et rejeté cette exception, a l'autorité de la chose jugée sur ce point entre les mêmes parties, relativement à une seconde action correctionnelle intentée ultérieurement à raison de nouveaux faits de contrefaçon.

(Loi du 5 juillet 1844, art. 34 et 46.)

DROIT CRIMINEL

I. La poursuite en adultère intentée du vivant du mari est éteinte par son décès survenu avant toute condamnation.

II. La loi du 17 juillet 1819 punit la diffamation envers les morts.

DROIT DES GENS

I. Les étrangers ont en France tous les droits civils qui ne leur sont pas refusés par des textes formels.

II. Les jugements des tribunaux étrangers, en matière commerciale, ne peuvent être rendus exécutoires en France que par la juridiction civile française seule, à l'exclusion de la juridiction commerciale.

HISTOIRE DU DROIT

L'origine de la communauté est dans les sociétés taisibles qui existaient entre les mainmortables et les serfs du moyen âge.

Vu par le Président de la thèse,
A. DUVERGER.

Vu par le Doyen de la Faculté,
C. A. PELLAT.

Permis d'imprimer.
Pour le vice-Recteur,
L'Inspecteur, L. SONNET.

PARIS. — IMP. SIMON RAÇON ET COMP., RUE D'ERFURTH, 1